메타버스
트렌드
2025

메타버스 트렌드 2025

현실 세계와 가상세계의
빅뱅을 넘어선 생존 전략

심재우 지음

글라이더

머리말

두 해가 지나도록 지속되는 코로나19 대유행은 소설이나 SF영화에서만 가능했던 가상세계와 비대면 방식을 현실 세계에 실현시키고 있다. 사람들은 반강제적이긴 하지만, 당연한 것으로 받아들이며 살고 있다. 온라인 가상공간과 그곳에서 일하는 방법도 선택이 아닌 필수로 확실하게 자리매김했다.

예전에도 온라인 비대면 소통과 협업이 있었지만, 보조 수단으로만 사용되었다. 그래서 그것에 익숙하지 않은 사람들은 가능하면 회피하거나 수동적으로 참여했기에 내재화하지 못했고 확산도 매우 느렸다. 그런데 코로나19 확산으로 감염자가 증가하자 정부는 엄격한 거리 두기와 집합 금지를 시행하고, 국민은 이를 따라야 했다. 조직이나 기업은 재택근무를 의무화하여 비대면 업무 처리와 온라인 협업이 순식간에 표준화한 업무수행 방식이 되었다. 전 세계 사람들이 동시에 타임머신을 타고 미래의 어느 시점으로 순간 이동한 것과 같았다.

약 10년 전부터 시작된 스마트워크는 업무의 효율과 생산성을 높이기 위한 목적으로 도입되었다. 몇 년 전부터는 원격으로 일하는 리모트워크로 발전했다. 이런 방식은 국내 기업보다 글로벌 기업이 업무 효율을 높이고 비용을 절감하는 차원에서 주도적으로 도입하여 활용했다. 국내 대기업들도 이런 변화를 목격했다. 여러 나라의 지사나 현지 법인과 생산 공장을 운영하기 위해 글로벌 기업들을 빠르게 모방하고 따라 했다.

가상과 현실 세계를 결합하여 새로운 차원과 경험을 제공하는 메타버스(Metaverse) 시대가 빠르게 다가오고 있다. 메타버스는 Meta(초월)와 Universe(세상)의 합성어로 현실 세계를 초월한 세계를 말한다. 사실 메타버스는 전혀 생소한 게 아니다. 우리가 이미 알고 있는 가상현실(VR)과 증강현실(AR)을 포괄하는 확장 개념이다. 여기에 홀로그램 기술까지 융합한다. 가상과 현실 세계가 서로 작용하고 연동되면서 사회·경제·문화 활동에 새로운 가치를 창출하는 세상을 의미한다. 블록체인이나 NFT 기술과 결합하여 가상세계에서도 실제 경제 활동이나 거래를 할 수 있다.

메타버스는 3차원 가상세계를 의미하므로 가상현실(VR)과 비슷해 보일 수 있다. 가상현실과 메타버스의 가장 큰 차이점은 실시간 연계성이다. 가상현실은 현실 세계와 매우 비슷하게 구현된 3차원 환경이지만, 현실 세계와 완전히 차단되어 있다. 하지만 메타버스는 현실과 실시간으로 연결되어 사람들이 현실 세계에서 실제로 하는 행동을 가상세계에서 그대로 할 수 있다. 가상세계에서 이용자를 나타내거나 대신하는 아바타를 통해 가상공간에서 현실 세계처럼 친구를 만나거나 쇼핑을 하고 여행할 수 있다. 다른 사람들과 회의나 협업을 할 수 있다.

지금까지 가상현실은 주로 게임과 엔터테인먼트에서 활용됐다. 그런데 이때의 이용자는 선택권이 제한된 낮은 수준의 자유도를 갖는다. 반면에 메타버스는 현실 세계를 가상과 증강현실로 확장하고, 그곳의 결과물을 다시 현실 세계로 가져와 활용하는 모든 생태계로 구성된다. 메타버스는 현실 세계의 이용자인 인간이 3차원 공간의 아바타로 연동되어 자기주도적으로 활동하는 매우 높은 자유도를 갖는다. 기존의 가상현실은 공급자가 제공하는 아이템이나 옵션을 이용자가 선택하는 공급자 중심이었지만, 메타버스에서는 이용자가 콘텐츠와 아이템을 개발하거나 제작하여 판매할 수 있는 이용자 중심의 생태계로 바뀌었다.

가상현실과 관련한 디지털 기술을 비교하면 다음과 같다.

AR : 실제 세계와 가상세계의 두 가지 공간이 동시에 작동하여 물리적 공간과 가상 공간이 겹쳐 보이게 만드는 기술이다. 사용자는 증강현실 속에 속하거나 개입하지 않고 제3자 관찰자 관점에서 증강현실이 제공하는 정보나 데이터를 활용한다.
  − 사용자 역할 : 사용자는 제3자 관찰자 입장
  − 사용자의 자유도 : 낮음

— 스마트 기기 : 구글 스마트글래스

VR : 게임이나 엔터테인먼트처럼 가상세계를 구현한 것으로 사용자(플레이어)가 주체가 된다. 사용자는 VR 개발자가 만든 옵션이나 시나리오 중에서 선택하여 사용하므로 자유도가 제한된다. 개인을 위한 게임이나 엔터테인먼트에 적용.
  — 사용자 역할 : 사용자는 VR 게임 세계의 주인공, VR 엔터테인먼트
    의 제3자 관찰자 입장
  — 사용자의 자유도 : 중간
  — 스마트 기기 : 페이스북 오큘러스 퀘스트2

DT(디지털 트윈) : 현실 세계의 물리적 개체의 형상과 동작을 가상세계(디지털 세계)로 옮긴 것. 가상세계에서 다양한 상황과 조건을 가지고 시뮬레이션하여 물리적 개체의 최적 관리, 운영, 개량, 보완 등에 활용하는 기술이다. 거울상 이미지에 대응하는 물리적 개체와 상호작용하기 위한 것으로, 이 과정에서 사람의 통제나 개입이 가능하나 기본적으로는 실제와 가상 사이에 쌍둥이(트윈) 동작 모델이 기반이고 중심이다.
  — 사용자 역할 : 제3자 관찰자 입장
  — 사용자의 자유도 : 낮음

XR(메타버스) : 가공/추상을 의미하는 메타(META)와 우주를 뜻하는 유니버스(UNIVERSE)의 합성어로 현실 세계와 같은 사회·경제·문화 활동이 이루어지는 3차원의 가상세계를 일컫는다. 가상현실(VR)과 증강현실(AR), 홀로그램을 포괄하는 확장된 개념이다.
  — 사용자 역할 : 아바타를 통해서 주체적이고 자율적인 소통과 행동
    을 한다.
  — 사용자의 자유도 : 높음

－ 스마트 기기 : HMD, MS 홀로렌즈

메타버스는 아직도 명확한 정의가 내려진 상태가 아니다. 사람마다 생각이나 관점이 다르듯 메타버스에 대한 정의도 다르다. 하지만 메타버스가 되려면 충족해야 할 조건이 있다.

①**상시 연결성** : 언제 어디서나 실시간으로 인터넷에 연결돼야 한다. 클라우드와 무선통신이 중요하다.

②**상호 작용과 사회성** : 다중의 이용자가 함께 참여하여 상호작용하며 커뮤니티를 이룬다.

③**현실과 가상의 융합** : 현실 세계와 가상세계를 실시간으로 연동하고 연결한다. 현실과 가상을 넘나드는 경험을 하며 동시성을 갖는다.

④**아바타** : 이용자를 대신하거나 대표하는 분신인 아바타가 가상세계에 포함된다.

⑤**3차원 인터넷** : 2차원 평면이 아닌 3차원 입체공간에서 증강현실로 구현돼야 한다.

⑥**디바이스 디펜던트** : 가상세계에 접속하고 참가하기 위한 증강현실 도구인 HMD나 스마트글래스가 필요하다. 가벼워서 착용하기 부담없고 빠른 프로세싱으로 끊김이 없고 고해상도의 3차원 화면이 가능한 반도체, 디스플레이, 광학 기술이 중요하다. 또 웨어러블 디바이스가 외부 컴퓨터와 케이블로 연결되지 않고 스탠드얼론(독립형)으로 작동되도록 소형화한 내장형 컴퓨터와 OS가 필요하다.

⑦**경제 시스템** : 메타버스 내에서 경제 활동이 가능한 시스템이 운영된다. 디센트럴랜드 같은 가상 부동산이 좋은 예이다.

⑧ **생산 시스템 :** 메타버스는 이용자나 소비자로 머무르는 게 아니다. 그 안에서 자신만의 콘텐츠를 만들고 이용하고 경제적 수익을 만들 수도 있다.

메타버스는 사람들에게 무엇을 주어야 할까?

메타버스가 아무리 좋아도 이용자에게 유익이나 이점을 제공하지 못하면 무용지물이 된다. 따라서 메타버스는 다음과 같은 것을 제공해야 한다.

① **재미 :** 게임이나 엔터테인먼트처럼 재미를 느끼게 해야 한다.

② **유대감 :** 다른 참여자들과 상호작용하고 사회적 유대감을 느낄 수 있어야 한다.

③ **소속감 :** 다른 사람들과 함께하고 서로 유기적으로 속해 있다고 느끼게 해야 한다.

④ **편리성 :** 메타버스 안에 참여하고 행동하면서 편리하고 유용하다고 느껴야 한다.

⑤ **경제성 :** 수익화나 사업 기회가 있어야 하고, 기업이나 조직은 비용이나 투자를 절감할 수 있어야 한다.

⑥ **생산성 :** 메타버스는 다른 사람들과 회의나 협업을 하고 업무나 프로젝트를 진행하는데, 이때 효율성과 생산성이 높아야 한다.

⑦ **새로운 경험 :** 이용자가 전혀 새롭거나 복합 경험을 할 수 있어야 한다. 매우 사실적으로 느껴서 거부감 없이 몰입할 수 있어야 한다.

〈마이너리티 리포트〉, 〈아이언맨〉, 〈매트릭스〉 같은 SF영화나 소설, 애니메이션 등에서 묘사한 미래의 모습은 모두 조작되고 연출된 가공의 세계였다. 여기서 보여준 세계가 메타버스 세계다. 그런데 지금 현실에서 우리가 이야기하는 메타버스는 조작된 세계가 아니라 실제 작동하고 구현되는 세계다. 소프트웨어와 하드웨어 기술의 발달로 영화 속의 가짜가 현실의 진짜로 구현됐다. 3부에서 소개할 메타버스 적용 사례에서 다룰 제페토, 게더타운, 어라이크, 이프랜드, 스페이셜 등이 현실에서 구현되는 메타버스이다.

　메타버스 구현에 필요한 요소는 크게 네 가지다. 이 요소들이 균형 있게 발전하고 일정 수준 이상 되어야 제대로 작동한다. 콘텐츠(Contents), 플랫폼(Platform), 네트워크(Network), 디바이스(Device)가 그것이고, 약자로 CPND로 부른다. 콘텐츠는 게임, 엔터테인먼트, 비즈니스나 협업을 말한다. 플랫폼은 메타버스가 가동되는 컴퓨팅과 OS, 네트워크는 5G나 6G 같은 무선통신, 디바이스는 3차원 증강현실에 접속하거나 참여하기 위한 HMD 고글이나 스마트글래스(홀로렌즈 포함)를 말한다. 네 가지 요소 모두 중요하지만, 메타버스의 헤게모니를 잡을 가장 중요하고 강력한 요소가 컴퓨팅과 OS를 포함하는 플랫폼이다. 플랫폼을 지배하는 자(기업)가 메타버스 세상을 지배한다.

　모바일 플랫폼은 애플 iOS와 구글 안드로이드가, PC 플랫폼은 MS 윈도우와 맥OS가, 검색 플랫폼은 구글과 네이버가, SNS 플랫폼은 페이스북과 인스타그램이, 동영상 플랫폼은 구글 유튜브가 지배하고 있다. 그런데 메타버스를 지배할 플랫폼은 아직 정해지지 않았다. 플랫폼을 둘러싼 주도권 경쟁이 글로벌 기업들에 의해 물밑에서 치열하게 벌어지고 있다.

메타버스는 현실 세계의 사회, 경제, 문화, 교육 활동이 이루어지는 3차원의 가상세계다. 모든 활동의 주체인 자신을 대신하는 아바타를 가상세계에 만들고, 이것을 활용하여 다양한 활동을 할 수 있다.

메타버스의 종착역은 어디일까?

메타버스 기술과 사업화 모델을 개발하고 이끄는 주체는 글로벌 기업들이다. 메타버스의 개념과 관련 기술은 모두 미국을 비롯한 선진국에서 주도했다. 그런데 수면 아래 있던 메타버스가 별안간 4차 산업혁명 기술의 선두 주자로 급부상했다. 미국 가트너그룹에서 매년 발표하는 '하이프 곡선(Hype Curve)'은 4차 산업혁명 기술의 탄생과 발전, 그리고 고도화 과정을 보여준다. 매년 발표되는 하이프 곡선을 면밀히 분석하면 어떤 기술이 개발되고 고도화하여 기술의 정점에 있는지 알 수 있다. 2020년 하이프 곡선을 보면 현재 최고 정점에 있는 기술은 코로나19 사태로 인한 'Social Distancing Technologies(사회적 거리 두기 기술)'이다. 곡선의 최고 정점에서 왼쪽 상단을 보면 내년에 최고 기술로 부상할 후보가 있는데, 대부분 인공지능과 관련한 것이다.

메타버스 관련한 일자리에도 많은 변화가 일어나고 있다. 메타버스를 위한 소프트웨어는 물론이고 하드웨어 분야에 대한 인재 수요와 개발도 증가할 것이다. 구글, 애플, 페이스북, 삼성전자는 사람들을 메타버스와 연결하는 AR글래스나 HMD 개발에 열을 올리고 있다. 미래에는 PC, 모바일, 콘솔을 넘어 다양한 디지털 기기로 메타버스에 접속할 것이다.

새로운 일자리도 생기는 중인데, 대표적으로 현실 세계와 똑같이 만드는 디지털 트윈 전문가와 현실 세계의 이용자를 가상세계의 아바타로 만드는 아바타 개발자, 아바타 디자이너이다. 메타버스가 일상화하면 사람들은 물리적 공간이나 장소에 직접 가지 않고 메타버스를 통해 해결한다. 대표적인 예가 부동산 거래다. 지금은 직접 원하는 장소로 이동하여 공간을 확인했는데, 메타버스 시대에서는 원하는 가상공간에 접속하여 구경하고 확인할 수 있다. 현실을 메타버스 내 공간으로 만들고 설계하는 디지털 트윈과 관련한 기술자와 아바타 관련 분야에 대한 수요는 빠르게 늘어날 것이다. 메타버스에서 수익을 창출하는 방법은 4부에서 설명한다.

글로벌 컨설팅 기업인 PWC는 메타버스 시장 규모가 2019년 455억 달러(5조 원)에서 2030년 1조 5,429억 달러(약 1,755조 원) 성장할 것으로 예상했다. 현재 진행되는 비즈니스 중에 가장 빠르고 높게 성장하는 블루칩이 될 것이다. 현재 시점 기준으로 800배 성장하고 미래에는 더 큰 성장 가능성과 무한한 사업 기회가 있기에 수많은 기업이 메타버스를 활용할 것이다.

메타버스 비즈니스 관련 산업이나 분야는 메타버스 플랫폼 개발 및 운영, 콘텐츠 개발 및 공급, 소프트웨어와 데이터 웨어하우스 개발 및 공급이 가능하다.

메타버스는 영화에서 소개된 이후, 현실에서는 게임 산업에 가장 먼저 활용되고 있는데 '로블록스'가 대표적이다. 로블록스의 매출과 이용자 추이 그래프를 보면, 2018년 1,200만 명의 이용자와 3,638억 원 매출이 불과 3년 만에 3~4배 증가했다.

로블록스의 인기 비결은 아무런 제약없이 온라인에서 사람들을 만날 수 있다는 점이다. 더욱이 이용자들이 소비만 하는 게 아니라 수익을 만들어낼 수 있다는 점이다. 이런 급성장으로 인해 최근 미국 주식에 투자하는 한국의 개미 투자자들이 순매수를 가장 많이 한 종목이 로블록스이다.

현실에서 게임과 엔터테인먼트를 함께 진행하는 건 거의 불가능하다. 하지만 메타버스에서는 모든 게 가능하다. 게임과 엔터가 융합된 사례가 많이 나오고 있는데, 이용자가 3억 5천만 명인 게임 '포트나이트'에서 파티로열이라는 기능을 이용하여 방탄소년단(BTS)이 뮤직비디오를 공개했다. 전 세계 수많은 팬이 메타버스에서 함께 공연을 즐겼다.

인기 있는 현실 세계의 걸그룹과 가상인물(버추얼 휴먼이라 부름)이 조합된 사례도 있다. 10대가 가장 좋아하는 4인조 걸그룹 '에스파'는 매타버스에서는 8인조 걸그룹으로 재탄생했다.

현실 세계의 멤버 네 명과 가상세계의 멤버 네 명이 합쳐진 조합이다. 성인이라면 실제가 아닌 만화 같은 가상 연예인에 관심을 두지 않겠지만, 지금의 10대는 그렇지 않다. 그들은 이런 콘셉트에 열광한다. 실제 사람이냐 아니냐보다 자신과 감정을 교류하고 소통할 수 있는지를 더 중요한 가치로 여긴다. 이런 변화로 인해 걸그룹 브랜드

평판 설문조사(2021년 7월 기준)에서 에스파는 인기 걸그룹 브레이브걸스와 블랙핑크를 제치고 1위를 차지했다.

버추얼 휴먼의 시작은 1998년 '세상엔 없는 사람'으로 데뷔하면서 음반 판매량 20만 장을 기록한 사이버가수 '아담'이었다.

당시에는 기술의 한계로 아담을 유지하고 관리하는 비용이 수입을 초과했다. 또 버추얼 휴먼에 대한 인식도 지금과 매우 달랐다. 결국 아담은 사라졌다. 최근에는 기술 발전과 함께 코로나로 비대면이 강제화되고 현실 같은 가상세계 구현이 가능해져 실존 인물을 버추얼 휴먼으로 만드는 시대가 열렸다.

300만 명이 넘는 인스타그램 팔로워를 가진 '릴 미켈라'는 샤넬 프라다 등과 협업하고 패션 잡지 〈보그〉의 표지 모델로 활동하고 있다. 음악 활동도 겸하고 있어 전 세계에서 큰 인기를 얻고 있다. 그런데 인간이 아닌 버추얼 인플루언서이다. 3D 그래픽과 인공지능 기술이 결합되면서 버추얼 휴먼으로 진화하고 있다. 이같은 버추얼 인플루언서는 그의 모습과 이미지, 영상을 만드는 제작진이 뒤에 있다.

LG전자가 2021년에서 선보인 버추얼 휴먼 김래하는 7만 건의 모션 캡처 작업으로 실제 인간의 표정과 움직임을 자연스럽게 표현했다. 여기에 인공지능 딥러닝 기술을 이용해 목소리를 만들고 자연스럽게 말을 하도록 개발했다.

다음 세대의 주역인 Z세대와 알파 세대는 버추얼 스타에 공감하고 열광한다. 버추얼 휴먼과 소통하고 생활하는 새로운 인류로 진화 중이다. 이들은 현실인지 가상인지를 구분하지 않는다. 가상세계를 현실 세계의 일부로 받아들이고 적극적으로 교감하고 활용한다.

가트너그룹은 하이프 곡선과 함께 다음 해의 전략 기술 트렌드도 발표하는데, 2021년 기술 트렌드는 다음과 같다.

첫 번째 트렌드로 '사람 중심'을 택했다. 지금까지는 사물들 간의 정보와 데이터를 주고받아 수집하여 분석한 결과를 활용하는 사물 인터넷(IOT)이 부상했는데, 미래에는 사람들이 생활하고 활동하는 모든 정보를 모니터링하고 분석하여 차별화한 경험을 제공하는 기업이나 제품만 살아 남기에 행동인터넷(IOB), 통합 경험(Total Experience)과 이와 연관한 개인정보 보호 기술이 선정됐다.

두 번째는 '위치 독립성'으로 유비쿼터스와 클라우드, 보안이 선정됐다.

세 번째는 '회복 탄력성'으로 인공지능을 기반으로 비즈니스에 융합된 지능과 로봇까지 연결된 초자동화 기술이다.

필자는 4차 산업혁명 기술에 대해 지대한 관심을 갖고 공부하고 새로운 기술을 연구하고 개발한다. 그래서 빅데이터와 IOT, 클라우드 등을 활용한 기술과 서비스를 개발하여 출시한 경험도 많다. 다음 사진은 필자가 연구하고 수행했던 자동차 개발 관련 내용으로 이미 40년 전에 '디지털 트윈'을 적용했다. 참고로 '디지털 트윈'이란 용어는 20년 전인 2002년 GE가 세계 최초로 발표했다.

그런데 가트너가 분석하고 발표한 자료 어디에도 메타버스는 존재하지 않는다. 가트너그룹이 메타버스를 몰라서 제외했을까?

가상세계에서 컴퓨터 모델링과
구조해석 시뮬레이션을 수행
(디지털 트윈 개념)

가상세계에서 찾은 최적의 설계
솔루션을 현실 세계에 적용하여
신차를 개발

신규 자동차 개발 과정에서 컴퓨터 모델링과 구조해석 시뮬레이션으로 최적의
설계 조건을 찾은 후, 설계에 반영하여 양산차를 만들어 시장에 출시한다.

첫째, 메타버스는 한 가지 기술만으로 구성된 게 아니고 다양한 기술이 연결되고 융합된 것이다. 예를 들어 AR, VR, 홀로그램, 5G, 인공지능, 클라우드, SNS, 블록체인, 디지털 트윈 등을 모두 포함한다. 그런데 하이프 곡선은 한 가지 기술만 표기한다. 그렇다면 메타버스는 아직 초기 기술이라 이 곡선에 표기되지 않은 것이라 무시하지 않아야 한다. 메타버스와 연관한 기술이 어느 지점에 위치하고 있는지를 포괄하여 분석해야 한다. 과거에 발표한 하이프 곡선을 보면 메타버스에 포함되는 기술들은 이미 정점을 지난 것이다. 그만큼 기술이 고도화했다는 뜻이다.

둘째, 하이프 곡선은 융복합 기술이 아닌 한 가지 기술만 대상으로 하여 누락됐다 치고, 함께 발표하는 전략 기술 트렌드에는 나타나야

할 듯 한데 여기에도 보이지 않는다. 메타버스가 미래에 부상할 분야이긴 한데, 아직은 메인이 아니라는 뜻이다.

해외에는 메타버스와 관련한 기술과 서비스를 개발하는 선도 기업들이 존재한다. 하지만 아직은 초기 단계다. 이에 비하여 국내에서는 2021년에 메타버스가 가장 관심 받는 기술이며 서비스다. 네이버와 SK텔레콤이 기술과 서비스 개발에 대량의 인력과 자금을 투입하고 있다.

메타버스 관련한 기술 시장의 규모에 대한 통계자료를 보면, AR이 VR에 비해 더 가파른 성장을 이어갈 것으로 보인다.

국내 기업들이 메타버스에 올인하는 것은 새로운 시장을 선점하는 차원에서 옳은 결정이라고 본다. 제페토 같은 아바타 중심의 SNS와 디지털 트윈을 접목한 기술과 서비스 개발은 선견지명을 가진 탁월한 전략이다. 싸이월드가 세계 최초로 아바타 중심의 SNS를 개발했지만 다른 경쟁자에게 밀려서 퇴출된 것처럼, 국내의 메타버스 선도 기업이 또 다시 이런 실패를 만나지 않기를 바란다.

메타버스는 새로운 개념이나 신기술은 아니다. 메타버스라는 개념은 1992년에 소설에서 처음 소개됐으니 벌써 30년이 지났다. 메타버스에서 사용하는 기술은 이미 세상에 나와 있는 다양한 기술을 연결하고 융합한 것이다. 그런데 왜 별안간 메타버스가 가장 뜨거운 화두로 등장했을까? 왜 가장 빠르게 확산될까?

이것을 설명하려면 주변 기술의 종류와 그것의 발전 역사를 알아야 한다. 메타버스는 현실 세계와 가상세계를 연결하고 아우르는 개

넘이다. 그것이 가능해지려면 다음의 기술이 모두 필요하다. 주변 상황을 모니터링하고 디지털화 할 수 있는 작고 정밀한 센서, 정교한 이미지를 만드는 그래픽 기술, 복잡한 3D 모델을 실시간으로 랜더링 할 수 있는 컴퓨터 성능과 소프트웨어, 대용량의 데이터를 낮은 지연 속도로 빠르게 전송할 통신 기술, 수집된 대량의 데이터를 처리하는 빅데이터 기술, 이를 저장하고 처리하는 서버와 클라우드, 그리고 이 모두를 지원하는 인공지능 기술 모두가 메타버스 구축을 위한 기술이다. 그런데 지금까지 이러한 기술이 균형 있게 발전되지 못했고, 모든 기술이 일정 수준의 티핑 포인트를 넘어서지 못했다. 최근에 이 기술들이 모두 티핑 포인트를 넘어 서서 메타버스 구현이 가능해졌다.

메타버스를 3차원 인터넷이나 복합 세계 모바일이 될 거라고 말한다. 한때 관심을 끌었던 3D TV를 기억하는가? 영화 〈아바타〉가 상영된 후 3D에 대한 관심이 폭발하여 3D TV가 출시됐지만 실패했다. 실패의 핵심 원인은 즐길 만한 3D 콘텐츠의 부족이었다. 3D 콘텐츠가 티핑 포인트를 넘어서지 못했다. 그런데 지금은 모든 기술과 요소가 티핑 포인트를 넘어섰기에 메타버스 빅뱅이 일어났다.

이 책은 4년 후인 2025년을 향해서 움직이는 메타버스 생태계와 플랫폼, 비즈니스, 기술들의 트렌드를 전망하기 위해서 메타버스 빅뱅의 현재와 미래를 통합적으로 조망하고 통찰하는 기회를 제공한다. '메타버스 트렌드 2025' 로드맵으로 명명하여 1단계부터 7단계까지 순차적으로 독자들을 리드할 것이다.

이 책의 1부는 메타버스의 개념과 MZ세대들이 환호하는 이유와 배경들을, 2부는 메타버스 기술들의 현재와 미래를, 3부는 메타버스를 적용한 다양한 사례들을, 4부는 메타버스에서 수익을 만드는 방법을, 5부는 메타버스의 미래 전망으로 플랫폼, 하드웨어, 소프트웨어, 기업과 개인들의 미래가 어떻게 바뀌고 무엇을 준비해야 하는지 필자의 경험과 분석을 기반으로 한 조언을, 6부는 메타버스 생태계인 플랫폼과 가상오피스 시스템을 구축하는 방법을, 7부는 메타버스를 비즈니스에 적용하고 실행하는데 필요한 여섯 가지 역량 개발법을 다루었다.

메타버스의 개념이나 기술, 사례들을 소개하는 차원에 머물지 않고 비즈니스에 적용하고 필요한 역량 개발을 할 수 있는 전략과 방향, 방법들을 분석하고 제시한 것이 이 책의 차별성이다. 이 책이 메타버스 시대를 준비하고 살아야 할 모두에게 메타버스 시대를 이해하고 준비하는 좋은 길잡이가 되기를 기대한다.

2021년 10월
심재우

차례

3부

Study : 메타버스의 적용 사례 배우기

4부

Gain : 메타버스에서 수익 만들기

Forecast : 메타버스의 미래 전망하기

Build : 메타버스 콜라보 시스템 구축하기

Develop : 메타버스 실행 역량 개발하기

METAVERSE

— 1부 —

·

Understand

·

메타버스 이해하기

01
디지털 세계의
진화 과정

메타버스는 1992년 닐 스티븐슨의 소설《스노우 크래쉬》에서 유래한 개념으로, 소설에서 묘사한 상황을 가져온 것이다. 양쪽 눈에 조금씩 다른 이미지를 보여줌으로써 3차원 영상이 만들어졌다. 그 영상을 1초에 72회 바뀌게 함으로써 동화상으로 나타낼 수 있었다. 이 3차원 동화상을 1면당 2킬로 픽셀 해상도로 나타나게 하면, 시각의 한계에서 가장 선명한 그림이 되었다. 작은 이어폰으로 디지털 스테레오 음향을 집어넣으면 움직이는 3차원 동화상은 완벽하게 현실의 사운드 트랙까지 갖추는 셈이었다. 이용자는 고글과 이어폰을 통해 컴퓨터가 만들어 내는 가상세계에 들어가게 되는 것이었다. 컴퓨터 용어로 '메타버스'라는 이름으로 불리는 세상이었다.

소설에는 메타버스의 기술 근간이 상세히 설명되어 있다. 메타버스는 고글과 이어폰이라는 시청각 추적 장치를 이용해 접근할 수 있는 세계로 규정된다. 메타버스에서는 빌딩을 짓고 공원을 만들고 광고판을 세웠다. 그뿐 아니라 현실에서 불가능한 것들도 만들어 냈다. 가령 공중에 여기저기 흩어져 떠다니는 조명, 시공간 법칙이 무시되는 특수 지역, 서로를 수색해서 쏘아 죽이는 자유 전투지구이다. 다른 점이 있다면 이것이 물리적으로 지어진 것이 아니라는 점이다. 실재하는 것이 아니기 때문에 '더 스트리트'는 다만 종이 위에 적힌 컴퓨터그래픽 계약이다. 따라서 광섬유 네트워크를 통해 전 세계에 공개된 소프트웨어 조각들일 뿐이었다. 메타버스에서 이뤄지는 경제와 사회 활동은 현실 세계와 흡사한 형태로 전개된다.

이상은 메타버스의 원조인 닐 스티븐슨의 소설에서 정의한 내용이다. 30년이 지난 지금 우리가 접하고 이해하는 메타버스와 크게 다르지 않다.

소설《스노우 크래시》의 주인공 히로 프로타고니스트는 재일교포 엄마와 미국인 흑인 아버지 사이에서 태어난 혼혈아다. 가상세계인 메타버스에서는 뛰어난 해커이자 검객이지만, 현실에서는 마피아에게 빚진 돈을 갚기 위해 초고속 피자 배달 기사를 하는 보잘것 없는 인물이다. 어느 날 그는 메타버스 안에서 퍼지고 있는 신종 마약 '스노우 크래시'가 가상공간 속 아바타의 주인, 즉 현실 세계 이용자의 뇌에 치명적 손상을 입힌다는 사실을 알게 된다. 그는 스노우 크래시의 실체를 추적하면서 거대한 배후 세력과 맞닥뜨리게 된다.

인터넷과 함께 시작된 새로운 세계는 그 후에 나타난 새로운 기술에 의해 진화하고 있다. 기존의 인터넷은 데스크톱이나 노트북에서 사용되므로 이동의 자유가 제한된 위치에서 사용해야 했다. 그런데 스마트폰의 출현으로 전혀 새로운 세계가 나타났다. 손 안의 컴퓨터라 불리는 스마트폰은 휴대와 이동이라는 두 가지 차별성을 제공했다. 진정한 의미의 유비쿼터스(언제 어디서나 접속하고 존재한다는 뜻) 세계를 열었다. 그 안에 카메라, GPS, 무선통신, 센서 등이 내장되어 기능이 고도화했고, 그 활용 반경이 PC가 할 수 없는 영역까지 급격히 확장했다.

AR(Augmented Reality)로 불리는 증강현실은 현실 세계에 인공 세계가 추가된 것으로, 다른 말로는 '조성된 현실'이라고 한다. 이것을 구현하려면 인간의 눈에 보이는 현실 세계 위에 가상세계가 더해져야 한다. 스마트폰의 카메라와 액정 스크린이 이런 증강현실을 제공한다. 잠시 사용하는 증강현실이라면 스마트폰으로 충분하겠지만, 장시간 사용한다면 손에 들고 사용하는 스마트폰은 불편하다. 그래서 개발된 것이 스마트글래스이다. 그런데 많은 기술이 적용된 것이 독이 되어 법적 문제로 시장에서 사라지는 사태가 발생했다. 구글이 개발한 구글글래스는 증강현실을 위한 하드웨어지만, 카메라가 장착되어 초상권 침해라는 법적 분쟁에 휘말려 끝내 생산을 중단해야 했다.

물론 구글글래스는 거리나 외부에서 불특정 다수를 촬영하는 카메라 기능을 제외하고 실내나 한정된 공간에서 증강현실의 기능을 활용하는 용도로 전환했다. 예를 들어 복잡한 구조의 장비나 기계를 수리하는 경우, 기술자가 종이로 인쇄된 수리용 매뉴얼을 지참하고 활용해야 하는데, 경력이나 기술이 낮은 사람은 필요한 매뉴얼을 찾는 데 시간을 낭비하는 문제가 있었다. 그런데 스마트글래스를 이용하면 고장난 장비의 특정 위치를 카메라가 인식하여 수리에 필요한 순서나 방법을 보여준다. 경험 없는 사람도 그대로 따라하면서 쉽게 수리할 수 있다. 앞으로 스마트글래스는 이런 방향으로 용도가 바뀔 것이다.

스마트글래스와 달리 HMD 고글은 외부를 촬영하는 카메라가 없어 아직은 법적 문제를 일으키지 않고 증강현실을 경험하게 한다.

증강현실을 적용한 사례로 그림책을 들 수 있다. 아이가 공룡에 대한 그림책을 읽는 경우, 인쇄된 공룡의 모습만으로는 공룡의 움직임이나 소리를 알 수 없는데, 그림책 위에 스마트폰 앱을 실행하면 증강현실로 공룡의 동영상을 추가로 볼 수 있게 된다. 아이는 TV나 영화로 공룡을 보는 것 같이 느끼게 된다.

빌딩의 사무실을 구하는 경우 임대 정보는 해당 빌딩의 임대를 담당하는 중개업소에서 얻을 수 있었다. 증강현실 앱을 사용하면, 스마트폰 화면 위에 빌딩에서 임대한 사무실의 위치와 면적, 가격 정보 등이 나타난다. 군이 중개업소를 찾지 않아도 필요한 정보를 확인하고 활용할 수 있다.

증강현실과 다른 축으로 VR(Virtual Reality)로 불리는 가상현실이 있다. 가상현실은 현실 세계와 무관하게 상상으로 만든 세계로 현실에 존재하지 않는 세계를 보여준다. 온라인 게임이 가상현실의 예이다. 게임에서 세계는 개발자가 상상으로 만든 만화나 동화 같은 세상이다. AR이나 VR 모두 시공간의 한계를 넘어 다양한 형태로 연결, 소통, 협업을 지원하는 실감형 체험 기술이다.

메타버스는 가상현실과 증강현실이 섞인 가상증강현실이라 불리고, 복합현실(Complex Reality)이나 확장현실(Extended Reality)로도 불린다.

메타버스라는 용어는 1992년 닐 스티븐슨이 지은 《스노우 크래쉬》라는 소설에서 처음 나왔던 매우 오래된 용어였는데, 20년이 지난 2020년 컴퓨터 그래픽카드 제조사인 엔비디아의 CEO 젠슨 황이 "미래 20년은 공상과학과 다를 게 없으며 메타버스의 세상이 왔다"고 선언하면서 순식간에 세상에 알려졌다.

메타버스는 인터넷이나 게임과 다른 세상을 열어줄 것이다. 그래서 메타버스를 인터넷 다음의 세상이라 말한다. 인공지능, AR, VR 등이 융합한 세상이다. 메타버스는 기존의 게임과 다른 세상이다. 메타버스도 게임과 같은 가상세계를 포함하지만 게임 요소와 방법이 가미된 새로운 방식의 소통과 협업, 경험과 생산성을 제공한다.

메타버스가 가상현실의 게임과 다른 것은 '아바타'라는 요소다. 기존 게임에는 이용자를 대신하는 주인공이 나온다. 주인공이 가상의 적을 상대로 전쟁을 하면서 자신이 죽임을 당하거나 상대방을 죽이는 방식이다. 게임의 주인공은 자유도가 매우 낮다. 주인공이 선택할 수 있는 선택권이나 경우의 수가 매우 작다. 게임 개발자가 게임을 개발할 때 결정한 것의 범위를 벗어나지 못한다.

하지만 메타버스는 게임의 주인공과 달리 이용자를 대신하는 아바타가 존재한다. 아바타는 이용자와 실시간으로 연결되어 이용자의 선택이나 행동에 따라 움직인다. 자유도가 매우 높고 메타버스 플랫폼 개발자가 임의로 이용자(아바타)의 선택이나 행동을 제한하거나 의도한 대로 조종할 수 없다.

온라인 화상회의 도구인 줌(Zoom)에 참여하는 경우, 이용자는 온라인에 접속하여 실시간으로 참여해야 한다. 그래서 자신의 얼굴을 보여주고 공유한다. 물론 상황에 따라 다른 사람들에게 자신의 얼굴을 보여주지 않을 수도 있다. 예를 들어 한 회사의 직원들이 재택근무를 하면서 줌으로 화상회의를 하는 경우, 얼굴을 보여주어야 한다. 따라서 화장을 고치거나 옷을 제대로 갖춰 입는다. 카메라에 비치는 곳도 깨끗이 정리해야 한다. 만약에 온 종일 사무실에서 근무하는 것처럼 온라인 화상으로 접속해서 일해야 한다면, 개인정보가 과도하게 노출되거나 감시 받는 느낌을 갖게 되어 큰 부담이 된다. 이로 인하여 업무 능률과 생산성이 저하될 수 있다.

그런데 메타버스 오피스를 사용한다면, 카메라에 찍히는 실제 얼굴을 몇 시간 내내 보여주지 않고, 자신을 대신하는 아바타를 이용하여 노출과 감시의 부담에서 벗어날 수 있다. 메타버스 사무실에서 자신의 책상이 정해지고 근무를 하다가 음료를 마시러 탕비실이나 휴게실로 이동할 수 있고(화면 상에서 자신의 아바타가 실제로 이동), 이동 중에 다른 직원을 만나거나 다른 직원 근처로 이동되어 가까워지면 상대방의 얼굴이 화면에 자동으로 나타나고 목소리도 들리고 소통할 수 있다. 잠시 이야기를 나눈 후에 원하는 장소로 이동하거나 약속된 시간에 미리 정해 놓은 회의실로 들어가서 회의에 참가할 수도 있다.

자신의 실제 얼굴은 아무에게도 보이지 않고 아바타만 움직이고 음성이 들리므로 부담이 없다. 물론 아바타의 움직임과 별도로 줌처럼 참가자들의 실제 얼굴을 공유하는 화면을 함께 볼 수도 있다. 하지만 아바타가 있으므로 사람들은 실제 얼굴이 보이는 화면보다 자신과 상대방의 아바타가 어디에 있고 어떻게 움직이는지에 더 관심을 갖는다. 즉 사람들의 주된 관심의 대상이 실제 얼굴에서 아바타로 바뀌어 부담이 줄어들고, 메타버스 활동과 참여에 대한 몰입도가 증가하는 효과를 준다.

메타버스로 접속하는 방법으로는 몇 가지가 있다. 하나는 PC만 사용하는 경우라면 인터넷으로 메타버스 플랫폼에 접속하여 2차원으로 이용하는 것이고, 다른 하나는 HMD 고글을 사용하여 3차원으로 이용하는 방법이다. 후자의 경우는 풀어야 할 과제와 해결할 점이 남아 있어 아직 초기 단계에 머물러 있다. 지금도 글로벌 기업들이 사운을 걸고 메타버스 활용에 필요한 소프트웨어와 하드웨어 기술을 연구 개발하고 있다.

메타버스는 거울세계나 디지털 트윈으로 불리는 세상을 가져올 것이다. 거울세계는 실제 모습이나 정보를 복사하여 만든 가상세계를 말한다. 구글에서 만든 지도인 구글어스나 네이버 맵 등이 여기에 해당한다. 거리 모습을 보여주는 로드뷰도 실제 거리를 확장한 세계다. 하지만 현실 세계를 100% 완벽하게 구현하지 못한다.

디지털 트윈(Digital Twin)은 미국 제너럴일렉트릭(GE)이 주창한 개념으로, 컴퓨터에 현실 속 사물의 쌍둥이를 가상세계로 만들고, 현실에서 발생할 수 있는 상황을 컴퓨터로 시뮬레이션하여 결과를 미리 예측하는 기술이다. 현실 세계의 물리적 시스템과 그것의 기능과 동작을 그대로 소프트웨어로 만들어 연결함으로써 거울을 앞에 두고 쌍둥이처럼 동작하도록 하는 기술을 말한다. 디지털 트윈 기술은 도시, 교통, 친환경에너지, 수자원 관리, 제조 공장이나 플랜트 기술 분야에서 다양하게 확산하는 중이다.

디지털 트윈은 현실 세계를 100% 동일하게 구현하는 방식으로 거울세계와는 다르다. 예를 들어 대형 공장을 건축하여 운영할 때 공장 운영의 효율성을 높이고 완전 자동화된 관리 조건을 찾는 게 중요한데, 이는 실제 공장을 가동하면서 얻을 수가 없다. 하지만 실제 공장과 완전히 동일한 설계와 구조, 설비를 가상세계로 만들고, 거기서 모든 조건과 상황을 시험할 수 있다. 그래서 최적의 공장 운영 조건을 찾아내 그것을 실제 공장 관리와 운영에 적용하는 게 디지털 트윈의 목적이다. 현실 세계를 가상의 디지털 트윈 세계로 만드는 것을 모델링(Modelling)이라 부르고, 디지털 트윈에서 다양한 조건이나 환경을 입력하여 최적의 가동 조건 등을 찾는 것을 시뮬레이션(Simulation)한다고 말한다.

예를 들어, 100층 짜리 초고층 빌딩에는 사무실, 백화점, 거주 공간 등에 수많은 사람이 거주하고 생활한다. 만약 빌딩의 한 곳에 화재가 났을 때 대피 경로를 모르거나 대피 경로를 잘못 유도하는 경우 대형 참사가 될 수 있다. 디지털 트윈에서는 다양한 화재 발생 조건과 환경을 입력하고 시뮬레이션으로 최적의 대피 경로와 방법을 찾아 내어 실제 화재 발생 시 활용할 수 있다.

디지털 트윈은 스마트시티, 대형 스마트공장, 항공기용 제트엔진, 대형선박 엔진 등에 활발하게 적용되고 있다.

메타버스는 현실 세계와 같은 사회·경제 활동이 통용되는 3차원 가상공간을 일컫는다. 이용자는 게임 등 메타버스 서비스에서 다른 이용자 또는 사물과 상호작용할 수 있다.

최근 증강현실(AR) 아바타 서비스인 '제페토'로 메타버스 트렌드의 선두를 달리는 네이버가 디지털 트윈 솔루션 '어라이크'를 출시하면서 메타버스 시장에서 최강자로 나섰다. 네이버랩스의 자체 기술로 개발한 어라이크는 현실 세계의 모습을 가상세계에 거울처럼 모델링할 수 있어 디지털 트윈을 적용한 메타버스 생태계가 더욱 고도화하고 확산할 전망이다.

어라이크 솔루션의 핵심은 항공사진과 인공지능(AI)을 활용해 도시의 3D 모델, 스트리트 레이아웃, HD맵(고정밀 지도) 등 핵심 데이터를 함께 제작할 수 있다는 것이다. 네이버랩스는 자체 기술력을 기반으로 서울시와 함께 서울시 전역 605km^2 면적에 해당하는 3D 모델을 구축하여 공개했다. 그 밖에도 서울시 2,092km 규모의 로드 레이아웃을 자체 제작했으며, 강남 지역 61km에 대한 HD맵도 서울시와 함께 구축해 공개할 예정이다.

거대한 도시를 대상으로 하는 디지털 트윈을 위해 항공사진과 MMS 데이터를 함께 사용하는 하이브리드 HD 매핑, 정밀 측위 기술, 데이터 처리에 이르는 다양한 분야의 AI 기술력을 고도화하고 있다.

비영리 기술 연구단체 ASF(Acceleration Studies Foundation)의 2007년

'메타버스 로드맵' 발표에 따르면 메타버스에는 네 가지 유형이 있는데, 그것은 '증강현실(AR)', '라이프로깅(Lifelogging)', '거울세계(Mirror Worlds)', '가상세계(VR)'로 구분된다.

첫째, 증강현실(Augmented Reality)은 현실 공간에 2D 또는 3D로 표현되는 가상의 물체를 겹쳐 보이게 하면서 상호작용하는 환경으로, 사람들에게서 더 높은 몰입감을 줄 수 있다. 예를 들어 스마트폰 앱으로 빌딩 하나를 촬영하면 디지털로 구축된 빌딩에 대한 추가 정보가 화면에 나타난다.

둘째, 라이프로깅(Lifelogging)은 사물과 사람에 대한 일상 경험과 정보를 캡처·저장·묘사하는 기술로, 이용자는 일상에서 일어나는 모든 순간을 텍스트, 영상, 사운드 등으로 캡처하고 그 내용을 서버에 저장하고 정리하여 다른 이용자들과 공유한다. SNS와 같은 기능이다.

셋째, 거울세계(Mirror Worlds)는 실제 세계를 되도록 사실적으로 있는 그대로 반영하되 '정보적으로 확장된' 가상세계에 구현한 것이다. 구글어스는 세계 전역의 위성사진을 모조리 수집하여 일정 주기로 사진을 업데이트하면서 시시각각 변하는 현실 세계의 모습을 거울세계에 그대로 반영한다.

넷째, 가상세계(Virtual Worlds)는 현실과 유사하거나 완전히 다른 상상의 세계를 디지털 데이터로 구축한다.

지난 2016년 출시돼 인기를 끌었던 게임 '포켓몬고'는 '증강현실'

유형에 속하며, 메타버스의 대표 사례로 언급되는 게임 플랫폼 '로블록스'는 '가상세계'로 분류할 수 있다. 현실 세계를 가상세계에 그대로 구현하는 '디지털 트윈'은 '거울세계'에 속한다. 2021년 순천향대학교가 신입생 입학식을 '제페토'에서 진행했는데, 입학식 장소인학교 운동장의 모습을 가상세계로 구축했다. 이는 곧 거울세계가 적용된 사례이다.

네이버는 다양한 유형의 메타버스 세계를 구축하여 선점하고 있다. 메타버스인 제페토는 AR·AI 기술로 이용자가 사진을 업로드하면 가상의 3D 아바타를 만들어 준다. 이용자는 자신을 닮은 아바타로 다른 이용자와 소통할 수 있다.

제페토는 코로나19 여파로 비대면 문화가 확산하면서 MZ세대(밀레니얼 세대와 1995년 이후 태어난 Z세대를 합친 용어)의 소통 창구로 떠올랐다. 현재 제페토의 전 세계 가입자 수는 2억 명에 달하는데, 90%가국외 이용자이며 80% 이상이 10대다.

제페토로 가상세계 제패에 나선 네이버가 '거울세계'와 '증강현실'을 선점하기 위해 '어라이크 솔루션'을 출시했다. 최근 메타버스의각 유형이 융합하며 진화하고 있어 다양한 영역에 직간접적으로 대응하는 네이버가 포스트 코로나 시대에 더욱 빠르게 성장하고 있다.

앞에서 거론한 메타버스의 네 가지 유형은 지금까지 독립적으로발전하다가 최근 상호작용하면서 융복합 형태로 진화하고 있다.

검색 포털의 텍스트 기반 검색이 인스타그램의 이미지 기반 검색으로, 유튜브의 동영상 기반 검색으로 진화하고 있다. 미래에는 메타버스의 3D 기반 검색으로 발전할 것이다.

현재 인터넷에서 제공되는 기업이나 기관, 개인 홈페이지는 제공자가 정하여 설계한 메뉴 중에서 선택하는 방식이다. 이는 이용자의 자유도 없이 수동적으로 검색하고 활용하는 방식이다. 쌍방향이 아니기에 이용자에게 별 다른 경험을 주지 못한다. 하지만 미래에는 메타버스 방식의 홈페이지로 진화할 것이다. 모든 홈페이지가 이용자와 실시간으로 소통하고 이용자의 선택권이 많아지면서 이용자가 주도적으로 홈페이지를 이용할 것이다. 관건은 메타버스 홈페이지를 어떻게 구성하고 개발하여 이용자에게 놀라운 경험을 줄 것인가이다. 이에 따라 명암이 갈릴 것이다.

마크 저커버그,
"페이스북의 최종 목표는 메타버스 선도 기업이다."

전 세계 테크 기업들은 메타버스를 미래의 블루오션으로 간주하여 관련 기술을 개발하고 다양한 서비스를 출시하면서 시장을 선점하기 위해 노력하고 있다. 인터넷과 모바일을 이어 갈 차세대 기술과 시장을 메타버스로 설정하고 전력 질주하고 있다. 페이스북도 그중 하나이다. 페이스북은 VR 기기인 '오큘러스 퀘스트2'를 출시하는 등 VR(가상현실), AR(증강현실) 기기 개발에 집중하고 있다. 페이스북이 메타버스 관련된 하드웨어 개발에 사운을 거는 것은 기기 개발을 넘어 회사의 경영전략과 기업문화도 메타버스를 구현하는 회사로 거듭나기 위한 전쟁을 선포했기 때문이다. 저커버그는 사람들이 페이스북을 소셜미디어 회사라고 보던 것에서 메타버스 회사로 인식하는 상황으로 전환하는 것이라고 했다.

"아침에 잠자리에서 일어나는 순간부터 밤에 잠자리에 드는 순간까지 메타버스에 뛰어들어 상상할 수 있는 거의 모든 것을 할 수 있다."라고 말했다.

저커버그는 2021년 6월 페이스북 직원들에게 편지를 보내서 "앞으로 페이스북이 메타버스에 생명을 불어넣는 일을 하겠다."라고 밝혔다. 5년 후에는 페이스북이 SNS 기업이 아니라 메타버스 기업으로 바뀐다는 것이다. 그래서 지금 추진하고 합병하는 사업은 메타버스 비전을 구축하기 위한 것이다.

그는 메타버스의 미래를 매우 긍정적으로 본다. "메타버스는 매우 거대한 주제"라며, "메타버스는 모바일 인터넷의 후계자"라고 했다. 메타버스는 단순히 그 안에서 콘텐츠를 보는 것뿐만 아니라 그 안에서 다양한 것이 구현되는 인터넷이라는 것이다.

페이스북은 메타버스를 통해 마치 옆에 앉아 대화하는 듯한 '실재감(presence)'을 디지털 공간에서도 구현하고 싶어한다. 친구와의 온라인 대화, 채팅, 화상회의와 업무 등이 더욱 현실감 있게 이뤄지게 하겠다는 것이다. 인터넷을 '보는' 것이 아니라, 인터넷 안에 '들어가 있는' 경험이 목표인데 이것을 '체화한 인터넷(embodied internet)'이라고 부른다. 메타버스 관련한 매출은 4%에 불과해 당장 많은 수익을 내지 못한다. 그런데도 저커버그는 메타버스에 대한 투자를 늘리고 있다. 전체 직원의 20%를 메타버스에 투입하고 있다. 페이스북 메타버스 전략의 핵심은 하드웨어와 소프트웨어 두 가지를 모두 장악하는 것이다. 2020년 10월에 출시한 오큘러스 퀘스트2는 고성능 사양이지만, 저렴한 가격으로 한 분기만에 100만 대 이상 팔렸다.

여기에 다양한 소프트웨어 생태계를 구축하여 이용자들을 견인하겠다는 계획이다.

페이스북은 VR기기 외에도 AR글래스 개발도 진행 중이다. 아리아 프로젝트로 불리는데, 그 목적은 오디오와 비디오를 수집하고 페이스북이 안경의 사용 사례를 찾는 데 도움을 주려는 것이다.

오큘러스 퀘스트2에서 즐길 만한 소프트웨어 개발과 공급에도 심혈을 기울이고 있다. 그래서 VR 콘텐츠를 전문으로 취급하는 '오큘러스 퀘스트 스토어'를 개설하고 다양한 콘텐츠를 판매 중이다. 11억 원 이상의 매출을 올린 기업이 50개 이상이고, 110억 원 매출 기업도 여섯 곳이나 나올 만큼 활성화했다.

페이스북은 SNS 기업답게 2019년부터 VR 기반 SNS인 '호라이즌'을 개발 중이다. VR 공간에서 아바타를 조종해서 친구들과 소통하고 게임이나 영화를 즐길 수 있다. 로블록스, 마인크래프트, 제페토의 강력한 경쟁자가 될 것이다.

인피니트 오피스(Infinite Office)는 페이스북이 페이스북 커넥트에서 발표한 가상 사무실 솔루션이다. 인피니트 오피스는 가상현실 화면에서 이용자가 원하는 여러 작업 화면을 갖춘 3차원 공간이 등장하고 여기에서 작업을 하게 해준다. 현재 오큘러스 브라우저(Oculus Browser)를 기반으로 하고 있어 데스크톱급 웹 경험을 제공하고 가상현실뿐 아니라 실제 주위 상황도 함께 확인하는 증강현실도 가능하다.

실제 디스플레이 장치 없이 HMD로 가상공간에서 여러 디스플레이를 열고 작업하는 이런 가상 사무실은, 가상현실과 증강현실을 함께 이용하는 것으로 SF영화에서만 볼 수 있었지 실용화까지는 진행되지 못했다.

이를 방해하는 요인 중 하나가 입력 환경에 있다. 화면을 넓게 표시하고 작업 환경이 안락해도 가상 키보드를 입력하는 시간이 많이 소요된다. 그래서 물리적 키보드도 필요하다. 인피니트 오피스에서는 이를 해결하기 위해 로지텍과 협력해 로지텍 K830 등 대응 키보드를 가상공간에 통합할 수 있다. 인피니트 오피스는 오큘러스 퀘스트2를 위한 실험 기능만 가능하다. 메타버스 오피스의 가장 강력한 킬러 콘텐츠가 될 가능성이 높다.

2021년 8월 중순, 이 책의 초고를 완성하고 나서 전체 원고를 다듬던 중 미국 방송사 CBS에서 저커버그와의 단독 인터뷰를 접했다. 페이스북이 개발하고 있는 인피니트 오피스의 실체를 공개한 것이다. 이 인터뷰에서 여성 앵커와 저커버그는 VR 기기인 오큘러스 퀘스트2를 직접 착용하고 비대면 원격 화상 인터뷰를 진행했다.

저커버그가 최초로 공개한 인피니트 오피스는 VR미팅 서비스인 '워크룸(Workrooms)'이었다. 3차원 아바타의 형상도 실제 인물과 유사하고 아바타의 움직임이나 손 동작도 매우 부드럽고 자연스러웠다. 특히 자신을 표현하는 아바타의 헤어스타일과 의상을 선택할 폭이 넓어서 실제 인물과 비슷하게 표현됐다. 가상세계지만 실제 사람들과 같은 공간에서 미팅하는 느낌이 들어 몰입감이 높고 상호작용이 충분히 가능해 보였다. 페이스북을 메타버스 기업으로 바꾸겠다는 저커버그의 선언이 현실로 나타난 것이다. 기업 회의와 업무, 학교 수업 방식을 혁신하는 메타버스 오피스의 새로운 장을 열 것으로 기대된다.

페이스북이 메타버스 소프트웨어와 하드웨어에 올인하는 데는 몇 가지 이유가 있다.

첫째, PC와 모바일의 하드웨어 디바이스를 팔고, 거기에 쓰이는 소프트웨어 공급과 앱스토어 생태계를 지배하고 있는 애플처럼 메타버스 생태계 전체(가상세계에서 소통하고 업무를 추진하고 게임을 즐기고 쇼핑하고 광고하는 일상의 모든 것)를 장악하려는 것이다.

둘째, 이용자가 공급자를 병행하는 원윈의 창작자 경제는 미래 비즈니스의 핵심이다. 로블록스나 제페토가 하는 것과 같이 창작물이 콘텐츠가 되는 크리에이터 이코노미 플랫폼과 생태계를 구축하여 지배하는 것이다.

셋째, 소프트웨어와 하드웨어를 모두 아우르는 메타버스 생태계를 선점하여 독자 플랫폼을 구축하는 것이다. 그래서 오큘러스 퀘스트 시리즈 등 자체 VR, AR 기기를 구동하는 메타버스 운영체제인 'Reality OS'를 개발 중이다.

지금 단계에서는 사람들이 메타버스를 단순히 게임의 한 영역으로 생각하기 쉽다. 하지만 메타버스는 게임 이상의 새로운 세상을 열어줄 것이다. 페이스북은 메타버스를 모바일 이후 다가올 새로운 컴퓨팅 환경으로 간주하고, 이 분야를 선점하겠다는 의지가 강한 기업이다.

메타버스가 기존의 인터넷이나 게임과 다른 것은, 기존의 온라인 공간에서 느낄 수 없는 실재감(Presence)과 재미와 몰입을 줄 수 있다는 것이다. 메타버스는 가상현실과 증강현실이 결합해 사람들이 광범위하고 차별화한 경험을 하도록 도와서 사람들이 온라인에서 상호작용하는 것을 더 자연스럽게 해준다. 가정이나 거실의 소파에서 AR, VR, 홀로그램으로 수백 킬로 떨어진 사람과 같은 장소에 있는 것처럼 회의를 진행하고 협업하는 등 상호작용을 할 수 있는 것이 가장 큰 장점이다.

코로나19로 전 세계 모든 사람이 마스크를 쓰고 생활하는 것처럼, 코로나가 종식되면 아마도 모든 사람이 HMD 고글이나 AR글래스를 쓰고 메타버스에서 생활할 것이다.

메타버스에서 사람들이 어울리고, 함께 있는 것처럼 느끼고, 다양한 일을 하고, 상호작용을 함으로써 새로운 직업과 새로운 형태의 엔터테인먼트와 시장이 생길 것이다.

이제부터 디지털 기술을 선도하는 VR, AR, MR, 홀로렌즈, XR과 관련한 내용을 상세히 설명한다.

VR(Virtual Reality), 가상현실

가상현실은 실제가 아니지만 인공으로 만들어낸 실제와 유사한 환경이나 상황을 의미한다. 기기를 착용하면 현실 공간과 다른 새로운 공간이 이용자의 눈앞에 펼쳐진다. 가상세계를 현실로 느끼는 몰입감을 높이기 위해 인간의 감각을 속인다. 냄새, 기후, 속도 등 다양한 요소에서 또 하나의 세계를 재현해 낸다. 가상현실 속에서 자유로운 상호작용도 가능하다.

초기 가상현실 기술은 전투기, 전차 등 각종 군사훈련 시뮬레이터로 발전해 실제 훈련에 드는 비용을 절감할 목적으로 개발됐다. 최초의 가상현실 기기는 1940년대 미국 공군과 항공산업이 개발한 비행 시뮬레이터로 알려져 있다. 2차 세계대전 중에는 최초의 비행 시뮬레이션이 완성됐다. 1968년에는 '가상현실의 아버지'라 불리는 이반 서덜랜드가 HMD(Head-mounted Display)를 개발했다.

그 후 교육 의료 등의 원격제어, 탐사 등 과학 목적으로 사용되리라 기대했지만, 고비용과 기술 호환성 등을 해결하지 못해 상용화에 성공하지 못했다. 최근 구글의 VR기기인 카드보드는 골판지 박스로 만들어 몇만 원대 이하 가격으로 소비자에게 다가갔다.

VR(Virtual Reality)은 VR기기를 머리에 착용(HMD)하고 가상세계를 체험한다.

VR로 체험하는 세계는 현실 세계와 분리된 가상세계이다. 실제가 아닌 가상으로 제작된 콘텐츠나 360도로 촬영한 영상을 체험하고,

머리를 회전하거나 손을 움직여 게임을 즐기며, 롤러코스터를 타고 아래 위로 움직여 실제와 같은 현실감을 느낄 수 있다.

현재 개발된 기술의 한계로 VR이 구현하는 감각은 시각뿐이다. HMD를 통해 이용자의 눈앞에 디스플레이로 새로운 영상을 보여줌으로써 인간의 시각을 속이는 방식이다. 오감 중 나머지 감각이 빠져 있으므로 가상세계에 몰입되는 데 제약을 받는다. 그래서 시각 외의 다른 감각을 포함하는 기술이 개발되고 있다. 미국 VR글러브는 물체를 손으로 잡았을 때의 압력을 촉각으로 느낄 수 있는 스마트글러브를 출시했다. 국내 스타트업 태그웨이는 '모바일 월드 콩그레스(MWC)'에서 영상 속의 뜨거움과 차가움을 느낄 수 있는 기기 '써모리얼'을 선보였다.

VR이 대중화하지 못한 이유는 두 가지이다. 하나는 기술의 한계이고, 다른 하나는 높은 가격이다. 초기에 기술이나 제품이 출시됐을 때 이용자들의 사용 경험이 발전의 기반이 되는데, VR은 진입 장벽이 높고 이용할 수 있는 콘텐츠가 부족하여 기술 개발과 시장 확대에 걸림돌이 되고 있다.

2019년은 VR 확산의 원년이 될 정도로 다양한 HMD 기기가 출시되었다. 많은 기업이 시장에 참여하면서 가격도 빠르게 낮아지고 있다. VR 기기의 대표주자인 오큘러스 리프트는 599달러에서 399달러로, HTC 바이브는 799달러에서 599달러까지 가격을 내렸다. 지금도 값싼 VR 기기가 시장에 나오고 있다. 덕분에 판매량도 늘고 있다.

AR(Augmented Reality), 증강현실

AR(Augmented Reality)은 현실 세계 위에 가상세계의 무언가를 추가하는 기술이다. 예를 들어 가상세계에 존재하는 포켓몬이 현실 세계의 도로 위를 실제로 돌아다니고 있는 것처럼 느끼게 하는 포켓몬 GO게임이나 내 모습에 3D 이미지를 합성할 수 있는 카메라앱 등을 생각하면 된다.

카메라 렌즈로 가상의 정보나 오브젝트를 현실 세계에 추가하여 실제 우리가 사는 현실에 3차원의 가상 이미지나 정보를 표현하는 기술이다.

VR은 현실과 무관하거나 단절된 것이지만, AR은 현실 세계 위에 가상세계를 융합한 기술이다. 증강현실은 현실에 가상현실을 덧입히는 것으로 비용이 낮고 구현하기도 쉽다. 영화 〈아이언맨〉에서 아이언맨 슈트를 착용한 토니 스타크가 헬맷의 전면부에 있는 화면을 보고 명령을 내리는 장면과 같은 방식이다.

마트에서 카트에 담은 물건 가격의 총합이나 운전 중 이용자가 가고자 하는 방향을 알려주는 가상의 이정표가 전면 유리창에 등장(HUD-Head Up Display)한다.

팀쿡 애플 CEO는 "하루 세 끼 식사를 하는 것처럼 AR 경험은 일상의 일부분이 될 것이다."라며 AR의 잠재력을 강조했다. 애플이 여기에 올인하는 이유는 VR과 달리 AR은 현실과 조화롭다는 점에서 그 가능성을 높게 평가한 것이다. 애플은 프라임센스, 페이스시프트, 메타이오 등 VR과 AR 관련 회사를 인수해 AR에 집중 투자하고 있다. 애플은 아이폰에 AR 기능을 추가했다. 아이폰을 매개로 세계 최대의 AR 플랫폼을 구축하여 시장을 선점하겠다는 전략이다. 애플은 '아이폰8'과 '아이폰X'에 탑재된 'A11 바이오닉' 칩셋과 향상된 카메라 등 하드웨어 성능을 비롯하여 AR 개발 도구 'AR키트'를 제공해 이용자들에게 AR 경험을 거부감 없이 받아들이도록 하고 있다.

AR은 신기하지만 쓸모없는 미래지향 기술로 치부됐는데, 메타버스의 등장과 함께 급물살을 탈 것으로 기대된다.

MR(Mixed Reality), 혼합현실

MR은 말 그대로 Mixed, 즉 몰입감이 높은 VR의 장점과 현실감 체험이 가능한 AR의 장점만을 혼합한 기술이다.

VR과 AR은 각각 장점과 단점을 갖고 있다. VR은 몰입감이 높지만 현실과 무관하다. AR은 현실 위에 가상 정보를 추가하지만, 이용자들이 보고 체험할 수 있는 화면 크기가 한정돼 있어 상대적으로 몰입감이 떨어진다. 이런 VR과 AR의 한계를 넘어 두 기술의 장점을 합친 것이 MR(Mixed Reality)이다. MR은 현실 세계와 가상세계를 융합한 기술이다. 시각에만 전적으로 의존하는 VR, AR과 달리 청각, 촉각 등 인간의 오감을 접목하여 가상인지 현실인지 구분되지 않는 광범위하고 몰입감 있는 체험을 제공한다.

최근 MR의 대표주자인 매직리프는 어린이들이 모여 있는 체육관에 바다에서 볼 수 있는 고래를 등장시킨 증강현실 영상으로 주목받았다. 이 회사는 잠재력을 인정받아 구글과 알리바바 등 글로벌 IT 기업에서 14억 달러를 투자받았다.

SR(Substitutional Reality), 대체현실

SR은 VR의 연장선상에 있는 기술로 하드웨어가 필요없이 스마트 기기에 광범위하고 자유롭게 적용할 수 있다. 현재와 과거의 영상을 혼합하여 실존하지 않는 인물이나 사건을 새롭게 구성하는 등 가상현실과 인지 뇌과학을 융합하여 뇌 자극으로 현실인지 비현실인지 알 수 없도록 하는 기술이다.

대체현실은 사람의 인지 과정을 왜곡하여 가상세계의 경험을 실제인 것처럼 인식하게 하는 기술이다. 증강현실이나 가상현실과 달리 이용자가 실제가 아님을 인지하지 못한다. 영화 〈토탈리콜〉, 〈인셉션〉에서 사용한 기술에 해당된다. 혼합현실은 이용자 기억을 대체하는 방식으로 트라우마 치료에 쓰이고, 현실 경험이 필요한 각종 훈련·교육 분야에 활용될 것이다.

영화와 같은 완전한 대체현실을 체험할 수 있으려면 20년 이상 소요할 것으로 전망된다. 단순 대체현실은 수년 이내에 실현되고 완전한 대체현실은 20년 이상 걸릴 것으로 예상된다

홀로렌즈(Hololenz)

마이크로소프트의 홀로렌즈가 있다. 2016년에 공개된 홀로렌즈는 MR 기반 웨어러블 장치로 기존 VR 기기처럼 시야를 완전히 덮는 방식이 아니라 반투명한 디스플레이로 주변 환경을 보면서 추가 정보나 이미지를 볼 수 있도록 한 장치다.

MS의 홀로렌즈를 메타버스 업무용 협업 솔루션 기업인 스페이셜에 적용한 사례를 소개했는데, 협업에 참가하는 사람들은 홀로렌즈로 작업하는 창들과 각자의 아바타(실제 본인 얼굴과 매우 유사하여 소통과 몰입감이 매우 높다)가 보이므로 실제로 옆에서 함께 아이디어를 나누고 협업하는 느낌을 주어 업무 생산성을 높인다.

XR(eXtended Reality), 확장현실

XR은 현실과 가상세계의 결합, 인간과 기계의 상호작용을 말하며 VR, AR, MR과 같은 초실감형 기술, 미래에 등장할 신기술까지 포괄한다. XR은 현실과 가상 간의 상호 작용을 강화해 가상의 물체를 현실 공간에 구현하거나 현실의 물체를 인식한다. 그래서 그 주변에 가상의 공간을 구현하는 등 실제와 같은 가상 체험을 제공한다.

XR 기술을 활용하면 의료, 제조, 군사 산업 등 위기나 위험 상황에 대처할 수 있다. 또 환경에 대비하여 교육이나 훈련을 시뮬레이션하여 개선점이나 해결책을 사전에 찾아서 반영하거나 방지할 수 있다. 지금까지 설명한 모든 기술을 통합하고 융합하므로 메타버스가 확장현실로 불리는 이유이기도 하다.

비대면 원격 업무나 회의에서 AR안경이나 고글을 사용하면 3차원 작업 환경이 구축되어 업무 집중 시간이나 몰입, 작업성, 효과성 등 개인 생산성을 매우 높은 수준으로 올릴 수 있다.

복잡한 컴퓨터 작업을 할 때, 모니터 화면을 하나만 사용하는 것보다 동시에 여러 개 사용하면 업무 효과와 생산성이 비례하여 증가한다. 윈도 작업창을 원하는 숫자만큼 가동하고 화면을 빠르게 이동하면서 작업 속도를 높이고 업무의 생산성을 높일 수 있다. 이런 작업이 가능한 환경을 '무한 사무실(infinite office)'이라고 부른다. 페이스북이 미래 먹거리로 개발하고 있는 이름과 동일하다.

VR 헤드셋용 버전이 출시되어 매우 빠르게 개선해 나가고 있다. 멀티태스킹은 물론, 이동식 업무 환경 구축에 매우 편리하다. 예를 들어, 여러 사람이 관련한 여러 작업과 협업을 하는 경우, 필요한 작업창을 열고 소통과 작업을 한 번에 할 수 있어 업무 생산성이 높아진다. 예를 들어 코딩이나 파워포인트 작업을 하는 경우, 여러 개의 창을 동시에 열어서 작업하는 게 중요한 것처럼 메타버스 오피스가 이것을 가능하게 할 것이다.

메타버스 오피스 환경을 업무나 협업을 하는 데 가장 적합한 환경으로 디자인하고 설계하는 것과 관련한 일자리도 생길 것이다.

02
디지털 변혁과
메타버스

코로나19가 순식간에 가져온 변화

스마트워크(Smartwork)는 10년 전에 기업과 사회의 가장 중요한 화두였고, 기업들은 업무 방식을 스마트워크로 시급히 도입하기 시작했다. 필자도 이런 변화를 예상하여 스마트워크란 주제로 교육 프로그램을 개발하여 특강과 교육, 컨설팅을 계속해 오고 있다.

필요한 프로그램이나 데이터를 자신의 컴퓨터에 설치하는 온프레미스(On-Premise)에서 디바이스에 무관하게 언제 어디서나 접속하고 연결할 수 있는 가상공간인 클라우드(Cloud) 방식으로 전환하기 시작했다.

필자는 10년 전 국내에서 가장 먼저 스마트워크를 교육하고 확산하기 위해 활동했는데, 한동안 침체된 상태였다가 코로나19로 급물살을 탔다. 지금은 전 세계로 확산하는 시대를 맞이했다.

이에 부응하여 사람들에게 클라우드를 알리고 클라우드 시스템과 프로그램과 도구를 효과적으로 사용할 방법을 알리기 위해《Hi, 클라우드》(더난출판사)를 출간했다. 스마트워크를 온라인에서 이러닝으로 배울 수 있도록 16차시 과정인 '성공 비즈니스를 위한 스마트워크 완전 정복'도 개발하여 서비스하기 시작했다.

이러닝 외에도 오프라인에서 스마트워크를 배울 수 있도록 16시간 과정의 '스마트워크 교육과정'도 개발하여 제공하고 있다. 수많은 국내 기업과 글로벌 기업이 10년 전부터 지금까지 이 교육을 채택하여 직원들에게 스마트워크를 전파하고 있다.

스마트워크에 이어 코로나19로 사회적 거리 두기가 강화되자 기업과 조직은 비대면 업무 방식으로 바뀌었다. 직원들 각자 자신의 업무 방식과 스타일에 맞게 다양한 장소와 공간에서 자유롭게 일하는 방식으로 전환됐다. 원격으로 업무를 추진하려면 이에 맞는 온라인 협업 방식과 도구가 필요하다. 기업의 이런 요구에 부응하기 위해서 한국능률협회와 함께 '리모트워크'란 주제로 교육과정을 운영하고 있다.

네 차례에 걸친 산업혁명은 기술 발전에 따른 변화이며 인간이 주도한 혁명이다. 인간의 노력으로 자연이나 환경을 극복하고 세상을 변화시킨 지배자로 남은 혁명이다. 코로나19에 의하여 생긴 변화를 필자는 '코로나 혁명'이라 명명했는데, 코로나 혁명은 인간의 기술 발전에 의한 것이 아니라, 바이러스에 의한 강제 변화로 사람들의 일하는 방식(업무, 교육, 의료, 행상 등)을 일시에 바꾼 것이다. 자연이 인간을 지배하여 강제로 변화하도록 만든 혁명으로, 기술과 산업의 변화에 의한 것이 아니기에 산업혁명에 해당하지 않는다.

역사를 돌이켜보면 코로나19처럼 세상과 인간을 변화시킨 '세균 혁명'이 수차례 있었다.

페스트, 유럽을 강타하고 르네상스를 일으키다

1350년 유럽을 강타한 흑사병(페스트)은 인구를 순식간에 1/3로 감소시켰다. 노동력 부족 사태가 발생하여 부유한 영주의 땅에 지대를 내며 농사를 짓던 낡은 봉건제가 무너지기 시작했다. 이는 서유럽을 근대화하고 상업화화여 현금 기반 경제로 이끌었다. 노동력 감소로 노동 임금이 급상승하자 사업가들은 인간의 노동력을 대체할 기술 개발에 투자하기 시작했다. 곧 바다로 나아가 다른 대륙으로 진출하는 계기가 되었다. 유럽의 식민주의 팽창을 부채질하여 서유럽 국가들을 세계에서 가장 강력한 국가로 만들었다. 흑사병이란 전염병은 봉건 시대를 사라지게 하고 유럽의 제국주의를 가속화했고 르네상스 시대를 열었다.

천연두, 아메리카를 정복하다

유럽의 식민지 팽창이 진행된 1400년대 말, 아메리카 대륙에는 약 6,000만 명이 살고 있었다. 당시 세계 인구가 6억 명 정도였으므로 이곳에 10%가 살고 있었던 셈이다. 그런데 유럽의 식민지화로 인구가 급격히 감소(500~600만 명)했다. 식민지 개척에서 원주민을 살상하기도 했지만, 유럽의 개척자들을 따라 들어온 세균인 천연두와 질병이 면역을 미처 갖지 못한 원주민들을 순식간에 사망하게 했다.

살아 있는 사람들의 숫자가 줄어들자, 농사를 짓거나 거주하던 땅의 면적도 축소되어 사람들이 거주하던 땅은 자연스레 숲이나 초원지대로 변했다. 식물과 나무가 늘어나자 대기 중의 이산화탄소 수치가 감소하여 전 세계 많은 지역에서 기온이 내려갔다. 이런 변화는 대규모 화산 폭발이나 태양 활동의 감소와 더불어 세계 곳곳에서 기온이 떨어지는 소빙기(Little Ice Age)를 가져왔다.

기후와 환경 변화의 영향을 가장 많이 받은 지역은 유럽이었다. 당시 유럽은 엄청난 흉작과 기근으로 몸살을 앓고 허덕였다. 천연두가 지구의 기후 변화를 초래하여 흉작과 기근을 초래한 것이다.

병균, 잉카제국을 몰락시키다

15세기 초 페루는 남북으로 세력을 확장했다. 스무 가지 언어를 사용하는 100여 개의 부족을 통합하여 1,200만 명 이상의 주민이 살고 있었다. 그들은 관개 시설을 구축하여 옥수수, 콩, 고추, 감자, 고구마 등을 대규모로 재배했다. 도로 체계도 매우 훌륭해서 안데스 산맥의 수많은 산등성이를 가로지르는 총 3만 킬로미터의 방대한 도로를 만들어 중앙과 연결했다.

1532년 스페인의 피사로는 화승총과 말 등으로 군사적 우위를 확보한 병사들과 함께 잉카제국의 황제인 아타우알파를 사로잡고 많은 잉카인을 학살했다. 스페인 군대가 총으로 죽인 사람보다 유럽에서 가져온 세균에 감염되어 사망한 사람이 훨씬 많았다. 그래서 스페인이 잉카제국을 정복한 것은 총과 무기가 아니고 병원균이었다. 결국 스페인은 세균으로 잉카제국을 정복한 셈이다.

흑사병, 중국 명나라를 멸망시키다

명나라는 거의 3세기 동안 중국을 통치했는데, 당시 중국은 동아시아의 광대한 지역에 문화적으로나 정치적으로 커다란 영향력을 미치고 있었다. 그러다 1641년 중국 북부에 페스트(흑사병)가 퍼져 엄청난 사람이 죽었다. 인구의 20~40%가 목숨을 잃는 지역도 있었다.

페스트와 함께 가뭄, 메뚜기 떼가 몰려와서 농작물의 씨가 마르자 먹을 것이 없어진 사람들은 전염병으로 사망한 이들의 사체를 먹기 시작했다. 이것이 전염병의 확산을 더욱 부채질했다. 이처럼 페스트는 북부의 침략자들에게서 전파되었고, 이것이 궁극적으로 명 왕조를 몰락시켰다.

만주 지역에서 온 침입자들은 명 왕조를 무너뜨리고 청 왕조를 세웠다. 페스트가 중국의 명나라를 없애고 청나라를 세운 셈이다.

황열병, 나폴레옹을 굴복시키다

1800년대에 프랑스의 나폴레옹이 아이티를 정복할 때 황열병이 발생하여 5만 명 중에서 3천 명만 살아 남아 프랑스로 돌아갔다. 나폴레옹은 아이티 정복을 포기했다.

제레미 다이아몬드가 저술한《총·균·쇠》에서 세계의 역사를 바꾼 세 가지는 총(무기와 전쟁), 균(세균), 쇠(기술, 문화, 제도, 무역 등)였다. 총과 쇠가 정복 전쟁을 승리로 이끌어 식민지 확장과 노예 획득을 가능하게 한 것처럼 보이지만, 사실은 균이 더 큰 영향력을 미쳤다고 서술되어 있다.

눈에 보이는 총과 쇠보다 눈에 보이지 않는 균이 더 큰 파괴력을 지녔음을 역사가 보여주고 있는데, 지금 우리가 겪고 있는 코로나19도 인공지능과 로봇 등이 지배하는 4차 산업혁명 기술과 인류 역사의 흐름에 큰 영향을 미치고 있다. 미래는 우리가 상상할 수 없을 정도로 빠르고 폭넓게 바뀔 것으로 보인다.

인간과 신기술이 주도한 네 번의 산업혁명은 시간 간격을 두고 일어났지만, 코로나 혁명은 4차 산업혁명이 진행되는 도중에 발생하여 급격한 변화를 요구하고 있다. 예를 들어 산업혁명에서 각각의 변화 수준은 선형비례로 나타난다. 증기기관에 의한 1차 산업혁명이 '1' 수준의 변화였다면, 컨베이어 벨트를 활용하여 대량생산으로 나아간 2차 산업혁명은 '10' 수준이라 할 수 있다. 컴퓨터와 인터넷에 의한 3차 산업혁명이 '100', 빅데이터, 사물인터넷, 클라우드, 로봇, 인공지능에 의한 4차 산업혁명이 '1,000'이라면 코로나 혁명에 의한 변화 수준은 전 세계를 일시에 변화시킨 '측정 불가능'의 수준이라고 할 수 있다.

지금 우리에게 필요한 것은 과연 코로나 혁명 이후에 국가와 사회, 기술과 문화, 경제에 어떤 변화가 올 것이며, 우리의 삶과 일하는 방식에 어떤 변화가 일어날지 예상하고 대비하는 것이다. 가장 크게 변화될 것으로 예상되는 것은 오프라인과 대면 방식이 온라인과 비대면이란 뜻을 가진 언택트(Untact, 비접촉)로 바뀐다는 것이다. 이에 대해 빠르게 대비하고 철저히 준비해야 한다.

사무실에 출근해서 업무하던 방식에 필요했던 리더십은 소통과 경청, 배려, 권한 위임, 카리스마, 코칭, 투명성이었는데, 재택근무와 원격근무가 일반화하면 가장 중요한 리더십은 화상회의를 효과적으로 진행하여 목표를 달성하는 퍼실리테이션이 될 것이다. 그래서 코로나19 사태를 기점으로 리더십은 다음과 같이 변할 것이다.

2021년 7월 한국콘텐츠진흥원에서는 최근 콘텐츠 분야에서 화두가 되는 메타버스를 주제로 빅데이터 분석을 수행했다. 이 주제와 관련한 핵심 토픽을 추출하고 그 특성을 분석한 연구 논문(빅데이터로 살펴본 메타버스 세계)을 발표했다.

이 연구의 목적은 메타버스 관련 빅데이터 분석을 위해 연구를 설계했는데, 시대를 1990년대, 2000년대, 2010년대, 2020년대처럼 10년 단위로 구분하고 각 시기별 주요 키워드를 수집하고 추출하여 핵심 토픽의 특성을 분석했다. 본 연구에서 사용한 키워드는 다섯 가지로 메타버스, 증강현실, 라이프로깅, 거울세계, 가상세계로 총 2만 4천 건의 뉴스 기사를 분석했다. 분석 결과는 1990년부터 2020년대까지 메타버스와 관련한 사회적 논의가 주로 새로운 기술 서비스에 대한 관심과 이를 활용한 혁신 및 경제 성장에 초점이 맞춰 있으며, 시대별 변화를 주된 토픽으로 반영하고 있다는 것이다.

순위	토픽주제			
(비중)	1990년대	2000년대	2010년대	2020년대
1	온라인 통신서비스	가상현실 서비스	4차산업 인재양성	스타트업·기술혁신
2	가상현실 기술	사이버 중독·폭력	증강현실 기술	메타버스 채용·입학
3	뉴 비즈니스 시장	차세대 성장동력	AR/VR 서비스	아이돌·아바타·가상공연
4	영화·소설·스토리	가상현실 영화	지역문화·문화재	문화유산 디지털화
5	경제 패러다임 변화	가상현실 기술 발전	기술혁신·혁신기업	메타버스 관련 주식
6	미래사회 성찰	문화·규범적 접근	증강현실·공연게임	사회적 고립·중독
7	사이버 일탈·부작용	디지털 전시회	글러벌 경제환경	자동차 증강현실 기술
8	게임인기 확산	온라인 패러디	SNS 부정적 감성	정부정책·경제성장

각 시대별 토픽 주제는 다음과 같이 분석되었다. 1990년대는 통신 서비스 가상현실 기술과 뉴 비즈니스 시장, 2000년대는 가상현실 서비스과 사이버 중독 및 폭력과 차세대 성장동력, 2010년대는 4차 산업 인재양성과 증강현실 기술과 AR/VR 서비스, 2020년대는 스타트업&기술혁신과 메타버스 채용 및 입학과 아이돌−아바타−가상 공

연 관련 토픽 비중이 높았다.

메타버스에 대한 사회적 관심은 2010년대부터 서서히 증가하다가 2021년부터 급증하고 있다. 코로나19 이후 늘고 있는 비대면과 사회적 거리 두기로 가상 공연 및 가상공간을 활용한 채용·입학 등의 이벤트와 연계하여 사회적 관심도가 급격히 증가하고 있다. 메타버스와 연계된 주요 키워드는 시대적 변화에 따라 인프라·네트워크, 게임·영화 등 가상현실, 콘텐츠, 빅데이터, 사물인터넷 등 4차 산업혁명, 제페토, 블록체인 등으로 변화하고 있다.

최근 불고 있는 메타버스 열풍은 잠시 스쳐 지나가는 것이 아니다. 다양한 분야에서 접목하고 있고, 수많은 기업이 적극적으로 투자·참여하고 있다.

새로운 고객 경험을 위한 디지털 변혁

4차 산업혁명 시대를 맞이하여 몇 년간 디지털 변혁(Digital Transformation)은 분야와 영역에 무관하게 모든 조직과 회사의 최우선 실행 목표로 등장했다. 하루라도 빨리 실행하지 않으면 도태되고 경쟁에서 낙오될 거라는 위기 의식이 팽배했다. 그래서 DT 책임자를 임명하고, 전문가들을 팀으로 구성하여 DT를 도입하고 확산하기 위한 행보를 전개했다.

그러면 DT의 궁극적 목적은 무엇일까? 고객들에게 새로운 경험을 제공하기 위해서다. 기업이 제공하는 새로운 경험을 한 고객은 해당 기업의 충성 고객이 되고, 주변에 입소문을 내며, 회사를 추천하고 홍보하는 역할을 스스로 하게 하는 효과가 있다.

그러면 DT를 통한 새로운 경험만이 유효할까? 일반적인 아날로그 방식의 고객 경험은 무의미할까라는 질문을 던질 수도 있다. 아날로그 방식의 고객 경험도 의미는 있다. 하지만 고객이 얻을 수 있는 경험의 종류나 범위는 제한되어 있으므로 경쟁사와의 차별화를 꾀하기 어렵다. 반면에 디지털 방식의 고객 경험은 훨씬 풍성하고 다양한 경험을 제공할 수 있다. 고객 경험을 개발하여 제공할 수 있는 자유도가 높다. 그래서 효과도 높다.

어도비사가 2021년 발표한 디지털 트렌드 보고서에 따르면, 고객 경험 선두 기업의 70% 이상이 동종업계 기업을 뛰어넘는 비즈니스 성과를 기록했다고 한다. 성공적인 고객 경험 전략과 기술을 가진 고객 경험 선두 기업이 고객 충성도에 대해 유의미한 인사이트를 가질 확률이 두 배 이상 높은 것으로 나타났다. 형편 없는 디지털 경험을 제공하는 기업을 고객들이 외면할 거라는 의미다.

그래서 고객 경험 선두 기업들은 DT에 이어 최근 각광을 받는 메타버스를 새로운 고객 경험 플랫폼으로 채택하여 업계의 선두로 나서고 있다. 이는 선점 효과를 노리는 것으로, 후발 주자는 선두 주자를 추월하는 게 거의 불가능한 도전이 되고 있다.

몇 년 전부터 선도 기업들은 실시간 3D, 증강·가상현실(AR·VR) 등의 기술을 영화나 제품 디자인, 생산 자동화, 건물 디자인 등 다양한 분야에 적용하고 있다. 그런데 특히 팬데믹 상황이 사회적 거리 두기와 비대면을 일상으로 만들면서 메타버스를 급부상시켰다.

3차원 게임과 아바타에 익숙한 MZ세대(1990년대 초~2000년대 초 출생자)가 메타버스 열풍에 일조했다. 메타버스 공간에서 자신을 대신하는 아바타를 만들고 자신만의 개성을 나타내고 남들에게 자랑할 수 있는 가상 아이템으로 아바타를 꾸미는 것에 익숙하기에 메타버스를 자연스럽게 받아들인다.

순식간에 변화한 세상에서 새로 등장한 구매력 높은 신세대 고객들에게 기존 방식과 다른 고객 경험을 제공하기 위해 기술 면에서 중요한 항목은 다음과 같이 나타났다.

B2C 기업과 B2B 기업이 서로 다르게 나타났다. B2C 기업은 개인화가 가장 높았고 IOT와 컨넥티드 디바이스가 2위, 비디오가 3위, AI&봇이 4위, AR/VR이 5위였다. B2B 기업은 개인화가 1위, 비디오와 AI&봇이 각각 2위와 3위를 기록했다.

아마도 내년에는 메타버스가 고객에게 특별한 경험을 제공하는 효과에서 다른 항목들을 제치고 최상위로 등극할 것이다.

03
MZ세대가 메타버스에
빠지는 이유

　기성세대에게 디지털과 4차 산업혁명 기술은 상당한 거리감을 준다. 이들에게 신기술과 새로운 트렌드 변화는 항상 마음의 부담을 갖게 만든다. 한 가지 기술을 이해하고 따라잡기도 버거운데 얼마 지나지 않아 새로운 기술과 상품이 나타난다. 이런 변화를 외면하자니 시대에 뒤떨어지고 경쟁력이 사라지는 것처럼 생각되어 불안하지만 따라가자니 어렵고 버겁다. 이런 기술과 변화는 이들에게 의식적으로 시간과 노력을 투자하여 도전해야 하는 대상이 된다.

　새로운 디지털 기술을 의식적으로 배우고 따라잡는 기성세대와 달리, MZ세대는 새로운 디지털 기술을 신선하고 흥미로운 놀이로 자연스럽게 즐긴다. 코로나 여파로 오프라인에서의 활동이 제약받는 상황에서 자신을 대신하는 아바타로 가상 디지털 공간에서 다른 사람들과 소통하여 사회적 관계를 맺고 엔터테인먼트를 즐기며 소비도 하는 메타버스는 MZ세대가 가장 열광하는 디지털 코드다.

MZ세대는 메타버스를 조작된 가상현실로 여기지 않고 현실 세계에서는 할 수 없는 것들을 가능하게 하는 진짜보다 흥미롭고 매력적인 세계로 여긴다. 코로나 시국에도 메타버스에서는 아무런 제약이 없다. 마스크를 끼지 않고도 방탄소년단의 공연을 보고 활짝 핀 벚꽃을 구경하고 친구를 만나거나 이성과의 데이트를 즐긴다.

MZ세대는 현실 세계보다 메타버스에서 더 많은 시간을 보낸다. 미래의 가장 중요하고 높은 구매력을 가진 소비자층인 MZ세대를 겨냥하여 메타버스를 적극적으로 활용하는 기업이 빠르게 늘고 있다.

MZ세대가 빠지고 있는 메타버스에는 어떤 것들이 있을까?

현실의 한계를 뛰어넘는 즐거운 체험, 로블록스

메타버스 기반의 게임에서는 게임을 만드는 플랫폼 로블록스(Roblox)가 2021년 3월 많은 뉴스 매체의 헤드라인을 장식했다. 월 이용자가 1억 5천만 명으로, 상장과 동시에 원화로 40조 원 넘는 규모인 380억 달러의 시가총액을 기록했다. 이는 신생 게임 기업이 전통적 게임 강자 기업들의 시가 총액을 넘어서는 규모였다. 메타버스가 미래 게임 산업에 지대한 영향을 줄 것이라는 신호탄이었다.

로블록스는 레고블록으로 만든 피규어를 닮은 귀여운 아바타들이 가상세계에서 다양한 체험을 하는 게임이다.

코로나로 집에서 보내는 시간이 늘어난 북미 지역 초등학생들을 중심으로 큰 인기를 얻었다. 로블록스의 가장 큰 강점은 현실 세계처

럼 소통, 경제 활동, 취미 활동을 가상세계에 모두 구현한 것이다. 대부분이 어린 학생인 이용자들은 로블록스 속 세상에서 친구를 만들고 돈을 벌거나 쓰며 다양하고 짜릿한 레저 활동을 한다. 로블록스는 한 번 빠지면 헤어날 수 없을 정도로 지루할 틈도 없이 몰입할 수 있다. 진짜 같은 가상 환경을 구현해 이용자의 충성도가 높다.

블록을 조립해서 건물을 만드는 온라인판 레고 게임인 마인크래프트는 월 이용자가 1억 3천만 명에 달한다. 로블록스와 쌍벽을 이루는 메타버스 플랫폼으로 게임 판매량만 2억 장에 달한다.

현실의 자신보다 더 매력적인 가상의 아바타, 제페토

국내에서는 네이버Z가 제공하는 아바타 플랫폼 제페토가 메타버스 기반의 비즈니스를 대표한 2억 명 넘는 회원을 확보했다. 로블록스는 가상의 즐거운 놀이공간으로 어린이들의 사랑을 받지만, 제페토는 가상공간에서 아바타를 통해 매력적인 자신을 구현하는 데 관심이 있는 10대 청소년을 중심으로 성장했다. 나를 닮고 대신하는 매력적인 3D 아바타를 만들고 자신만의 공간을 꾸미고 여러 사람과 소통하고 교류하며 다양한 엔터테인먼트를 즐길 수 있다. 제페토는 게임보다 소통을 위한 메타버스로 출발했다.

제페토의 차별화한 매력은 K팝 스타 및 글로벌 브랜드들과의 활발한 협업에 있다. 2020년 블랙핑크는 제페토에서 가상 팬사인회를 열었고, 신곡 댄스 퍼포먼스 뮤직비디오를 제페토에 공개했다. 이 행사에는 수천만 명의 유저가 블랙핑크 아바타와 즐거운 시간을 함께 했다. 오프라인 엔터테인먼트 경험이 어려워진 코로나19 시대에 글로벌 K팝 팬들은 시간과 공간을 초월하여 자신이 좋아하는 스타를 만나고 소통하며 열광한다.

크로스오버 메타버스 협업 마케팅, 구찌와 발렌시아가

전 세계 유명 패션기업들은 직접 메타버스 플랫폼을 운영하지 않고 플랫폼과의 협업으로 메타버스를 마케팅의 기회로 만들고 있다. 특히 구찌(Gucci)와 발렌시아가(Balenciaga)가 대표적이다.

구찌는 다른 경쟁 럭셔리 패션 브랜드보다 시대 변화에 빠르게 대응하고 있다. 메타버스 활용에서도 다른 패션 브랜드보다 한발 빠른 모습을 보이고 있다. 2021년 2월에는 제페토와 협업하여 가상공간에 '구찌 빌라'를 만들어 이용자들이 그곳을 여행할 수 있도록 했다. 새로운 구찌 컬렉션 의상 및 아이템들을 구매하여 자신의 아바타에 입하게 하여 소비자들의 구매욕을 자극했다. 수십에서 수백만 원을 호가하는 구찌, 루이비통, 버버리 등 명품 의류를 4,000원에 구매할 수 있다. 명품에 대한 선호도가 떨어지는 MZ세대가 메타버스에서 자사의 브랜드에 익숙해지게 만들면, 이것이 오프라인 구매로 이어진다는 장기 전략의 일환이다. 구찌는 로블록스에서도 '구찌 가든'이라는 매력적인 가상공간을 선보였다. 이용자들이 구찌 특유의 패턴과 컬러를 활용해 아바타를 꾸미고, 이 모습을 소셜미디어로 공유할 수 있도록 해 입소문 효과도 얻는다.

발렌시아가는 게임과 함께하는 2021 가을 컬렉션 캠페인을 시작했다. 2021년 가을 룩북을 발표하며 메타버스 플랫폼인 스케치팹(Sketcfab)과 협업을 진행했다.

2031년 미래 세계를 주제로 한 이 룩북은 독특하게 비디오 게임 형태로 공유되었다. 게임 '애프터 월드: 디 에이지 오브 투모로우(Afterworld: The Age of Tomorrow)'를 통해 공개한 것이다. 가상공간을 무대로 제작된 이 영상은 프랑스 게임 개발사 퀀틱 드림이 참여하여 더욱 높은 퀄리티의 콘텐츠를 완성했다.

실제 배우들이 춤추는 모습을 모션캡처하여 만든 영상은 최근 주목받는 메타버스를 활용한 콘텐츠 중 하나다. 이것을 제작하려면 3D 페이셜 모션캡처와 실시간 렌더링 기술이 필요하다. 전신에 적용되는 모션캡처 기술을 활용하여 사람의 움직임을 그대로 담아내는 디지털 휴먼을 제작하고, 모션캡처 촬영과 동시에 실시간으로 이뤄지는 렌더링 기술은 라이브 스트리밍을 가능하게 만들어 버추얼 휴먼의 활동 범위를 더욱 넓힐 수 있다.

이번 프로젝트를 개발한 퀀틱 드림은 모션 캡처 스튜디오를 활용하여 다양한 프로젝트를 진행하는 전문 기업이다. 발렌시아가가 그린 미래를 배경으로 생생한 가상 패션쇼 공간에서 이용자들은 발렌시아가의 신제품을 착용한 모델들을 코앞에서 볼 수 있었다.

온라인 아바타 관련 용품을 판매하여 50조 시장으로 커진 D2A (Direct to Abatar, 소비자가 아닌 아바타에게 판매하는 방식) 분야에 일류 패션 기업들의 입성이 줄을 잇고 있다. 버버리는 레이싱 게임 '비서프'를, 랄프로렌은 스냅챗 촬영을 위한 패션쇼와 룩북을 공개했다. 리바이스, 루이비통, 발렌티노, 마크제이콥스 등도 메타버스 플랫폼을 통해 자사를 알리고 홍보하는 가상 상점이나 행사를 진행 중이다.

단지 현실을 흉내 낸 가상공간을 만드는 것만으로는 충분하지 않다. 색다른 가상 경험을 제공하고 브랜드 인지도를 높이는 것뿐 아니라, 고객의 디지털 경험을 개선해 구매 욕구를 자극하고, 기업의 실제 제품 및 서비스에 대한 구매 선호를 높이는 게 핵심이다.

이미 많은 이용자, 특히 MZ세대를 확보하고 있는 메타버스 플랫폼 로블록스나 제페토 등과 어떻게 협업하는 것이 효과적일지 전략적 관점에서 접근해야 한다. 구찌와 발렌시아가의 성공적인 메타버스 마케팅 사례를 벤치마킹하여 우리 기업의 메타버스 활용 전략을 마련해야 한다.

04
메타버스의
버추얼 휴먼

사이버 가수, 아담

벌써 23년 전 IT 기술 초창기에 대한민국에서 가상현실을 활용한 버추얼 휴먼이 개발되었다. 메타버스 개념이 나온 시기와 비슷하다. 1998년 1월에 국내 1호 사이버 가수인 아담이 방송에 공식 데뷔했다. 1집 타이틀곡 '세상엔 없는 사랑'이란 노래로 인기를 끌어 첫 앨범은 20만 장이 팔렸다. 성공적인 출발이었다. 아담이 뜻밖의 관심을 끌자 사이버 가수 2호인 류시아도 같은 해에 데뷔 앨범을 발매하고, 2003년까지 최장수 사이버 가수로 활동했다.

이들 모두 1집 앨범 이후 큰 주목을 받지 못했다. 대중의 인기를 끌려면 TV 프로그램에 출연해야 하는데 당시 기술 수준으로 구현할 수 없었다. 한 시간짜리 방송에 출연하려면 그에 맞춰 아담의 입 모양과 표정, 행동까지 고급 그래픽 기술을 사용해야 하는데 당시 기술로는 불가능했다. 개발에 투입된 리소스보다 지출 비용이 너무 커서 수지타산이 맞지 않았다.

아담은 대한민국 버추얼 인프루언서의 시조였다. 아담은 김치찌 개를 좋아하고 어렸을 때부터 록에 심취해 에릭 클랩톤의 블루스 기타 주법을 익혔다. 실제 인간처럼 인간 여성을 사랑하여 가상세계를 벗어나 현실 세계로 왔다는 세계관을 갖는 것으로 설정됐다. 아담이 갑자기 모습을 감추자 실제 남성처럼 군입대설 루머가 돌았다. 아담을 부활시킨다는 이야기도 있는데 아직은 소문일 뿐이다.

보험사 광고에 발탁된 버추얼 휴먼, 로지

올해 국내의 한 보험회사에서 통합법인 출범을 석 달 앞두고, 브랜드팀과 광고대행사의 담당 직원들은 매주 회의를 거듭했다. 새로 출발하는 대형 보험사가 젊은 세대의 주목을 받기 위해서 역동적이고 참신한 광고 콘셉트에 맞는 모델을 찾지 못했다. 이때는 학교폭력, 미투 등 유명 연예인들의 추문이 줄줄이 터져 나올 때였다. 사회적 물의를 빚을 걱정도 없는 가상 인간을 써 보자는 아이디어가 나왔다. 가상 인간으로 기대했던 수준의 광고를 제작할 수 있을지 반신반의하면서도 모험을 해보기로 의견을 모았다. 그렇게 해서 탄생한 버추얼 휴먼이 로지다.

통합법인 출범과 함께 신한라이프 TV 광고가 전파를 탔다. 발랄하게 춤추는 20대 여성을 보고 새로 발탁한 신인으로 생각했는데, 로지는 가상 인간이었다. 그런데도 유튜브 조회 수가 1,000만을 넘어

1,500만 뷰에 달한다.

본명은 오로지. 나이는 영원히 22세. 출생지는 서울 강남구 논현동 싸이더스스튜디오엑스(개발사). 2018년 영국의 가상 모델 슈두가 프랑스 패션 브랜드 발망의 가을 컬렉션에 등장한 사례를 벤치마킹했다. 1년 정도 콘셉트를 기획했고 2020년 1월부터 제작을 시작하여 완성까지 6개월이 걸렸다. 이 세상에 없는 얼굴을 만들어 내느라 제작 기간 절반은 얼굴을 구상하고 만드는 데 쏟았다. MZ세대에게 호감을 주는, 약간 중성적이면서도 개성 있는 얼굴을 만들려고 국내외 유명인 얼굴을 수없이 분석했다. 사진 형태로 이미지를 만든 뒤 이를 토대로 얼굴 3D를 제작했다. 여기에 피부 질감을 만들고 머리를 심고 몸체 작업을 했다. 대개 기본 표정을 54개 정도 만드는데, 감정을 좀더 섬세하게 표현하려고 800개 정도를 만들었다.

가상 인간 제작 기술은 상당한 수준에 올라 국내 3D 스튜디오에서도 제작이 가능하다. 로지는 단순한 버추얼 휴먼을 넘어서 자신만의 개성과 세계관을 구축하고 SNS에서 젊은 세대와 소통하면서 '국내 첫 버추얼 인플루언서'로 확실히 자리매김했다. 로지의 인스타그램 계정을 시작하면서 가상 인간이라는 사실도 밝히지 않았다. 사람들의 반응은 폭발적이었다. "완전 멋져요." "매력 있어요." "인테리어도, 스타일도 너무 내 스타일."이라는 댓글이 붙으면서 3개월 만에 팔로어가 13,000명이 됐다. 2020년 12월 30일 가상 인간임을 공개했는데, 오히려 팔로어가 더 늘어서 총 44,000명이 됐다.

영국의 가상 모델인 슈두는 한복 스타일의 옷을 입고, 로지는 아프리카 의상을 입은 사진을 3개월간 각각 제작해 같은 날 하나로 붙여서 인스타그램에 동시 공개했다. 진짜 모델이나 버추얼 모델 간 협업도 활발하게 이루어질 전망이다.

"올해 2~3월만 해도 로지를 알리려고 여기저기 전화해도 별 반응이 없었어요. 신한라이프 광고가 나간 뒤 70건 넘게 광고 제안을 받았지만 다 소화할 수는 없지요. 광고를 2건 더 찍었고 추가로 2건 더 준비 중입니다. 가상 인간을 쓰면 앞서간다는 이미지를 줄 수 있어서 그런지 패션, 자동차, 친환경, 디지털 경영에 관심 있는 기업 등에서 연락이 많이 옵니다. 연내에 가상 남성도 만들 계획인데 무조건 제일 먼저 쓰겠다는 광고주도 있습니다."

MZ세대는 기성세대와 다르게 가상 인간을 자신과 다른 '버추얼'로 보지 않고 본인과 소통하는 '인플루언서'로 받아들이는 경향이 강하다. 로지가 가상 인간임을 밝힌 후에도 호응도가 오히려 올라가는 것이 그 증거다. 앞으로 버추얼 휴먼이 상업 목적을 초월하여 버추얼 휴먼만의 확실한 세계관도 보여준다면, MZ세대와 잘 통하는 '버추얼 인플루언서'로 자리매김 될 것이다.

팔로어 540만 명, 연수입 130억 원, 인간 뺨치는 버추얼 휴먼들

인스타그램, 트위터 같은 SNS나 유튜브에서의 유명인을 뜻하는 '인플루언서(influencer)'가 기업 마케팅에 중요한 채널로 자리 잡고 있다. 몇 년 전부터 국외에서는 실제 인간이 아닌 가상 인간까지 인플루언서로 활동한다. 이를 '버추얼(virtual, 가상의) 인플루언서' 또는 'CGI(컴퓨터로 만든 이미지) 인플루언서'라고 부른다. 온라인 매체 버추얼 휴먼스(virtualhumans.org)에 게시된 전 세계 가상 인간만 100명이 넘는다고 한다. 인스타그램 팔로어 숫자로는 브라질의 '루'(팔로어 540만 명)가 세계 1위다. 루는 브라질의 대형 유통업체 마갈루에서 2009년부터 활용한 가상 인간이다.

세계에서 가장 성공한 버추얼 인플루언서는 LA에 사는 팔로어 303만 명을 가진 19세 팝가수 릴 미켈라다. 브라질계 미국인 미켈라는 2016년 등장해 이듬해 신곡도 내고 프라다·지방시 같은 유명 패션 브랜드 모델로도 활동했다. 2018년 시사 주간지 〈타임〉이 선정한 '인터넷에서 가장 영향력 있는 25인'에 방탄소년단 등과 함께 뽑혔다. 지난해 130억 원(약 1,170만 달러) 넘게 벌었다. 릴 미켈라는 미국의 신생 기업 브러드(Brud)에서 만들었는데, 이 회사는 사치스러운 백인 여성 버뮤다(팔로어 29만 명), 섹시한 남성 블로코22(팔로어 15만 명)도 제작해 내놓았다. 트럼프를 지지하는 성향의 버뮤다가 미켈라의 인스타그램 계정을 해킹하고, 또 둘이 화해했다면서 같이 찍은 사진을 올리는 등 화젯거리를 계속 생산해낸다.

그 외에도 미국 애틀랜타에 사는 21세 청년 녹스 프로스트(팔로워 73만 명), 아프리카계 슈두(팔로어 22만 명), 분홍색 단발이 특징인 일본의 이마(팔로워 34만 명)가 이케아 점포 모델로 기용됐다.

삼성과 LG의 버츄얼 휴먼 SAM과 김래아

광고 외에 활약 중인 디지털 휴먼도 있는데, 삼성전자와 LG에서 선보인 디지털 휴먼 SAM과 김래아이다.

삼성전자 브라질 법인에서 영업 교육용으로 제작한 디지털 휴먼 SAM은 브라질 아트 프로덕션 라이트팜이 제일기획과 협업해 제작한 캐릭터이다. 광고용으로 제작된 캐릭터가 아닌데도 공개 후 이목을 끌었다. 특히 영어권 이용자에게 큰 인기를 얻으며 SNS 밈으로 활용되고, '삼성걸'이라는 별칭까지 생겼다. 많은 사람이 샘을 코스프레하여 사진을 공유한다.

LG전자에서 개발한 23세 여성 음악가 김래아도 SNS를 통해 자신의 일상을 공유하고 팬들과 소통하는 버추얼 인플루언서이다. 김래아는 제품 홍보는 물론 SNS를 통해 자신이 가상 인간임을 알리며 재미있는 글도 올린다. 친근하고 편안함을 주는 김래아에게 MZ세대의 호응도는 높다.

김래아 개발에는 캐릭터가 실제 사람처럼 보일 수 있도록 3D 모션캡처 기술을 활용했다. 실제 사람의 동작을 촬영하여 데이터로 기록하는 모션캡처로 7만여 건에 달하는 실제 배우의 움직임과 표정을 추출하여 버추얼 휴먼에게 적용한다.

메타 휴먼, 버추얼 휴먼 등 다양한 명칭의 디지털 휴먼은 가상현실과 메타버스의 관심도가 높아지면서 사람들에게 익숙해지고 있다. 앞으로 더 많은 분야에서 새로운 버추얼 휴먼이 탄생할 것이다.

버추얼 휴먼에게 생명을 불어넣는 볼류메트릭 캡처 기술

인기 가수가 본인과 똑같은 아바타와 함께 한 무대에서 춤을 춘다. 게임 캐릭터를 내 책상 위에 불러서 재밌게 논다. 프로골프 선수의 스윙 자세를 360도로 돌려보며 분석한다. 모두 혼합현실(Mixed Reality) 기술로 가상과 현실을 넘나드는 기술이다. 이것을 구현하는 방법은 다음과 같다.

실제 인간이 무대 중앙에서 움직이거나 춤을 추면 106대 카메라로 360도, 초당 최대 60프레임으로 촬영하여 실제처럼 움직이는 고화질 3D 홀로그램을 생성한다. 이는 볼류메트릭 캡처 기술로 불리는 것이다. 기존 3D 모델링 프로세스를 자동화해서 적은 비용으로 짧은 시간에 3차원 동영상을 만든다. 엔터테인먼트와 게임 분야에 주로 사용하던 기술인데 이제 B2B 사업도 추진한다.

촬영 때 생성되는 초당 약 10GB 크기의 데이터에서 배경을 제거하여 포인트 클라우드를 생성한다. 그런 후 3D Mesh 과정을 거쳐 현실에 버금가는 인물의 이미지를 구현한다. 데이터의 압축율과 호환성이 높은 3D 비디오 포맷(MPEG4)으로 만들어진다.

SKT가 운영하는 점프 스튜디오에서 모든 작업이 진행된다. 약 50여 평(165㎡) 규모로 촬영장과 작업실, 대기실 등으로 구성되어 있다.

점프 스튜디오의 혼합현실 콘텐츠는 두 회사 실감미디어 기술의 집약체다. 마이크로소프트의 볼류메트릭 비디오 캡처(Volumetric Video Capture) 기술로 인물의 역동적 움직임을 홀로그램 비디오로 구현하고, SK텔레콤 'T 리얼 플랫폼'의 공간 인식 렌더링 기술로 홀로그램과 현실 공간이 자연스럽게 어우러진 콘텐츠를 완성한다.

예를 들어 3분 분량의 혼합현실 콘텐츠를 만들려면 기존 방식으로는 통상 3~4개월간 수억 원 대 이상의 비용이 필요했다. 하지만 점프 스튜디오에서는 1~2주 만에 절반도 안 되는 비용으로 완성할 수 있다. 기존 3D 모델링 콘텐츠 제작 방식은 '촬영 → 메쉬(Mesh) 구성 → 텍스처(Texture) → 리깅(Rigging) → 모션 생성 → 결과물' 같은 복잡한 수작업 과정을 거쳤다. 하지만 점프 스튜디오는 메쉬 구성부터 모션 생성까지의 절차를 모두 자동으로 처리하여 짧은 시간에 양질의 결과물을 개발한다.

점프 스튜디오는 1분간 촬영했을 때 생성되는 600GB의 영상 데이터를 모바일 스트리밍이 가능한 300MB 수준으로 자동 압축하여 제공한다. 기존 미디어 제작 시스템과 호환성이 높은 비디오 포맷(MPEG4)을 지원한다. 그래서 실감미디어 콘텐츠를 빠르게 제작할 수 있다.

2020년 미국의 IP소프트라는 회사에서 디지털 직원을 공개했다. 이 직원의 주요 업무는 보험 심사, 인사관리, IT 서비스 등 다양하다. 그런데 24시간 365일 근무가 가능한 여성 에밀리아이다. 약 500개 기업에서 에밀리아를 채용하고 있다. 주요 장점은 실시간 데이터 분석을 기반으로 의사를 결정한다. 월급은 1,800달러(약 220만 원)이다.

저임금에 연중무휴로 하루 24시간 일하는 조건이라면 법적으로 문제가 되겠지만, 그런 걱정은 하지 않아도 된다. 버추얼 휴먼이기 때문이다. 디지털 임원이 아니고 직원이라고 부르는 데는 아직 복잡한 의사소통을 할 수 없고 독창적인 해결책을 제시할 수 없기 때문이다.

앞으로 인공지능 기술이 더욱 발전하면 에밀리아가 하는 업무의 폭이 넓어지고 직위도 올라갈 것이다. 에밀리아는 현재 딥러닝으로 새로운 것을 학습하고 능력을 키우며 콜센터 상담원으로 일한다. 화이트컬러 버추얼 휴먼이다. 과거에는 블루컬러 일자리를 대체하는 로봇이 대세였는데, 미래에는 화이트컬러 일자리로 빠르게 대체될 것이다. 과거 산업혁명으로 일자리를 잃은 노동자들이 기계를 파괴했던 러다이트 운동처럼 21세기에는 화이트컬러 AI나 로봇 파괴 운동이 생길 수도 있을 것이다.

이런 기술이 메타버스에서 사용하는 아바타에 그대로 적용될 것이다. 현재의 아바타는 이용자가 움직이고 조작하지만, 미래에는 AI 기술이 융합하여 이용자의 직접 개입 없이 아바타가 AI에 의해 의사를 결정하고 움직일 것이다.

— 2부 —

·

Analyze

·

메타버스 기술의
현재와 미래 분석하기

01
소프트웨어
& 하드웨어 기술

　메타버스를 실현하고 이용자들에게 몰입감과 색다른 경험을 제공하려면 물리적 환경인 현실과 가상세계의 차이를 줄이는 게 핵심이다. 이를 위해 하드웨어 기술인 디스플레이 반도체, HMD 고글, 광학 기술이 함께 발전해야 한다. 그래서 글로벌 기업들은 메타버스 소프트웨어와 하드웨어를 함께 개발하고 선점하는 데 사운을 걸고 있다.

소프트웨어 기술

　메타버스 관련한 소프트웨어 기술은 매우 다양하다. 컴퓨팅, 플랫폼, 하드웨어 구동과 사용을 위한 기술, 메타버스 공간을 설계하고 제작하는 기술, 여러 유형의 아바타를 만드는 기술 등이다. 워낙 전문 기술이라 보통 사람들이 접근하거나 이해하여 활용하는 데 한계가 있다. 하지만 일반 독자라면 메타버스 플랫폼에서 제공하는 3차원 아바타와 그의 움직임을 어떻게 만드는지 궁금할 것이다. 그래서 메타버스의 소프트웨어 기술을 설명한다.

유니티(Unity)라는 프로그램이 있다. 게임을 개발할 때 캐릭터를 만들고 캐릭터의 움직임을 구현하기 위해 주로 사용하는 프로그램이다. 우리에게 잘 알려진 게임의 70% 이상이 유니티로 개발됐다. 애니메이션, SF영화도 유니티로 만든다. 유니티 엔진은 게임이나 애니메이션 개발자라면 당연히 알고 있는데, 일반인도 그것을 이해하면 메타버스에 접근하는 게 용이할 것이다.

유니티는 2004년 8월 덴마크 Unity Technologies가 개발한 게임 엔진이다. 현재는 미국 샌프란시스코로 본사를 이전했다. 주로 저사양이자 소규모 게임의 개발에 최적화한 프로그램이다. 유니티를 제대로 이해하려면 어떤 과정으로 업그레이드됐는지 살펴보면 된다.

초창기에는 MacOS만 지원했으나 나중에 Windows와 PC 기반의 웹 브라우저도 추가 지원하게 되었다. 곧 유니티의 버전1이다.

유니티2는 2007년에 출시된 첫 메이저 업그레이드 버전이다. 3D 기능 강화와 공동 작업 기능, 비디오 재생 기능을 비롯하여 50여 가지 기능이 새롭게 추가되었다. 2008년에 애플의 앱스토어가 런칭되면서 iPhone OS(현 iOS)를 추가 지원하여 유니티 엔진으로 개발된 게임을 앱스토어로도 배포할 수 있게 되었다.

유니티3는 2010년 9월에 출시된 버전이다. 기존의 PC 플랫폼과 iPhone OS(iOS)뿐 아니라 Android 같은 모바일 플랫폼, PS3, Xbox 360, Wii 같은 콘솔 게임기 등 다양한 플랫폼으로 확장되었다. 동시에 전 세계 스마트폰의 대중화와 맞물려서 유니티 엔진으로 개발된 게임이 급격히게 늘어났다.

유니티4는 2012년 11월 13일에 출시된 버전이다. DirectX 11을 지원하기 시작하고 새로운 애니메이션 도구가 추가되었다. 2013년에 페이스북이 유니티 엔진 기반의 게임을 위한 개발 도구를 통합함으로써 유니티 엔진으로 개발한 게임을 페이스북에 등록하기가 쉬워졌다. SNS 연동으로 다른 이용자에게 게임 추천 기능을 제공하여 접속할 수 있는 일종의 광고 캠페인 기능이 추가되었다.

유니티 2017는 2017년 7월 10일에 정식 출시된 버전이다. Unity의 버전 이름이 연도 방식으로 변경되었다. 그 후 라이선스 정책도 변경되었다.

유니티 2019는 2019년 4월 15일에 정식 출시된 버전이다. 경량 렌더 파이프라인이 정식으로 적용되어 2018 버전에 이어서 3D 그래픽 성능의 최적화가 개선되었다. 버스트 컴파일러가 정식으로 적용되어 컴파일 속도가 개선되었다.

다른 게임 개발용 엔진도 많지만 유니티 유저가 가장 많은 데는 이용자층이 다양하고 입문 장벽이 낮기 때문에 초보자가 많아 특히 1인 개발자에게 유니티 엔진은 매우 유리하기 때문이다.

2017 버전 이후 영구 라이선스는 없어져 개인 라이선스도 무료다. 연매출에 따라 라이선스 비용이 달라진다. 20만 달러 이하일 경우 월 40,000원대, 그 이상은 140,000원을 받는다. 매출이 10만 달러 이하일 경우는 무료 라이선스를 사용할 수 있다. 값싼 라이선스 비용

은 각종 엔진들이 무료화하는 데 큰 영향을 끼쳤으며, 게임이 출시되어도 별도의 라이선스 비용을 받지 않는다. 이는 개발의 민주화라는 모토와 맞물려 게임 개발의 대중화 및 인디/소규모 개발팀이 많이 생겨나는 계기를 만들었다. 이러한 장점 덕분에 벤처 기업이나 소규모 스타트업을 하는 사람들에게 굉장히 유용하게 사용될 수 있다. 2D 기능 역시 최신 기능이 계속 추가되고 있어 2D, 3D 모두 개발이 가능하다. 특히 소규모/인디 개발에만 한정되던 초기와 다르게 저사양 게임이면서 어느 정도 개발비가 필요한 규모의 게임까지, 게다가 장르도 MMORPG에서 전략/퍼즐/액션 등 다양하게 개발되고 있다.

유니티는 장점도 많지만 단점도 있다.

간편하게 적용할 수 있는 고급 기능이 별로 없다. 고급 기능을 활용하기 위해서는 개발자의 시행 오차가 필수다. 엔진 자체의 최적화가 아직 부실하여 일부 기기에서는 작동 문제가 발생하기도 한다. 한국어 지원이 상당히 부실하여 한국인에게는 큰 걸림돌이다. 게임 규모가 크고 복잡한 로직이 있는 경우 잠깐씩 프로그램이 멈추는 프리징이 일어난다. 그래서 규모가 큰 AAA급 게임에는 잘 쓰이지 않는다. 그 외에도 소스 코드 비공개와 보안에 취약하다.

3D영상이나 메타버스에서 소개되는 디지털 휴먼은 물론 애니메이션 게임 애니팡4도 유니티로 개발되었다. 게임 개발에서는 플레이어가 느끼는 게임의 난이도를 적정 수준으로 설정(너무 쉬우면 재미가 떨어지고, 너무 어려우면 도전하지 못하고 중간에 플레이어들이 멈추거나 퇴장한다) 해야 하고 실행상의 오류도 찾아서 해결해야 하는데, 개발자가 변

수를 바꿔 가며 일일이 테스트를 하면 시간과 노력이 너무 많이 든다. 하지만 유니티에서 제공하는 기능을 사용하면 1회 테스트를 1분 이내로 줄일 수 있어 전체 개발 기간을 단축하는 효과가 있다.

유니티는 전문 개발자만 사용하는 게 아니다. 개인에게는 라이선스비가 무료이므로 게임 개발 입문자나 취미 삼아 3D 게임이나 애니메이션을 만들려는 사람도 사용할 수 있다. 아래 '유니티 런' 사이트에서 계정을 만들고 게임 엔진을 사용하여 자신만의 3차원 영상을 만들어 공유하기도 한다. 3차원 게임이나 애니메이션, 메타버스 아바타에 등에 관심이 있다면 한 번 도전해도 좋다. 여기에 참여하는 사람들은 성인부터 어린 학생까지 다양하다.

PC나 모바일에서 즐기는 2차원 게임은 재미도 없고 쉽게 식상함을 느낀다. 하지만 3D로 만든 게임은 몰입감을 높여 마치 게임 현장에 함께 있는 듯한 느낌도 준다. 메타버스도 마찬가지인데, 기존의 인터넷은 2차원에서 사용된다. 그래서 밋밋하고 흥미를 갖기 어렵다. 하지만 메타버스는 3차원이 기본이므로 신선하고 놀라운 사용 경험을 제공한다. 이러한 최신의 소프트웨어 기술이 새로운 세상을 열고 만들고 있다.

하드웨어 기술

SNS의 선도 주자인 페이스북은 천문학적 거금을 주고 HMD 기업 오큘러스를 인수했다. 그런 뒤 오큘러스 퀘스트2를 출시했다.

메타버스를 제대로 즐기려면 가상세계를 3차원으로 보고 느끼는 것이 필수다. 여기에는 VR 체험의 핵심인 고글이 중요한 역할을 한다. 기존에 출시된 고글은 비싸고 무겁고 충전 효율도 낮았다. 이런 상황에서 페이스북은 해상도를 높이고 무게를 10% 줄이고 가격도 100달러 낮춘 오큘러스 퀘스트2를 출시하여 2020년 4분기에 100만 대 이상을 판매했다. 메타버스로 구현된 가상 오피스 앱인 스페이셜에 연동한 VR 기기를 이용자가 착용하고 움직이면 화면 속에서 3D 아바타가 동일하게 움직인다. 하드웨어 분야의 경쟁이 매우 치열한데, 애플도 AR 기술 기반의 제품을 개발 중이고, MS는 AR/VR 플랫폼인 매쉬를 출시했다. 여기에 홀로그램 기술도 융합하고 있다. 실로 엄청난 결과이고 그만큼 가상세계와 메타버스에 대한 앞날이 매우 밝다는 점을 보여준다.

메타버스를 제대로 실현하려면 다양한 하드웨어 기술이 함께 발전해야 한다. 현실에서 발생하는 빅데이터를 수집(IoT)하고 송신(5G 또는 6G와 클라우드)하여 가상세계와 실시간으로 연동하는 기술도 필요하다. 그렇게 하려면 현실 세계를 모델링하여 가상세계에 구현(디지털 트윈)하고, 현실에서 수집된 데이터와 경계 조건을 입력하여 인공지능과 해석용 소프트웨어로 시뮬레이션하고, 분석 결과를 해석하여 인사이트와 관리나 최적 설계용 데이터를 얻어서 이를 다시 현실 세계에 피드백하여 활용해야 한다. 곧 소프트웨어, 하드웨어, 4차 산업혁명 기술 등 지금 나와 있는 모든 기술을 유기적으로 융합해야 한다.

02
메타버스의 미래는
디지털 트윈

　2002년 디지털 트윈의 개념을 처음 만들어 적용한 기업은 제너럴 일렉트릭(GE)이다. GE는 항공기 엔진을 비롯하여 다양한 산업 분야의 엔진을 생산한다. 각 나라마다 국적기를 운영하므로 전 세계에 수백 개 이상의 항공사가 존재하는데, 항공사의 수익성에 영향을 주는 요소는 고객의 탑승률과 항공기의 운항 효율이다. 고객의 탑승률은 항공사에서 관리할 영역이 아니다. 하지만 운항 효율을 관리하여 항공유 사용을 줄여 원가를 절감하는 것은 가능하다.

　GE의 소프트웨어 모델을 말할 때 디지털 트윈이 거론되는데, 이 것은 제품의 개별 부품과 그 부품의 고유한 수명 주기에 대한 지식을 디지털 도구와 융합한 것이다. 현실의 부품을 디지털 세계에서 모델링으로 만들어 분석하고 관리하는 것으로, 여기에 활용된 디지털 기술에는 데이터 레이크, 모델 인프라 스트럭처, 시각화, 추정, 제어,

운영 최적화와 유지 보수 업무와 같은 특수 분석기술 등이 있다. 디지털 트윈의 결과물은 기계 모델의 센서로 수집된 데이터를 기반으로 스스로 운영되고 업데이트한다. 이렇게 산업 자산에 특화한 지식을 활용하여 기업이 저렴한 유지 비용으로 개선된 자산 성과를 얻을 수 있다.

디지털 트윈이란 현실 세계에서 실체를 갖고 있는 물리적 시스템과 이것의 기능과 동작을 그대로 소프트웨어로 만들어 가상세계와 연결함으로써 서로 쌍둥이처럼 동작하도록 하는 기술을 말한다.

독일의 자동차 부품 전문기업 보쉬는 2013년부터 '네트워크 공정' 구축에 들어갔다. 세계 공장 운영본부와 각 공정의 기계와 그 기계를 사용하는 노동자를 모두 네트워크로 연결해 실시간으로 데이터를 주고받아 분석하고 활용하는 시스템을 구축하고 있다. 이를 위해 수십 년간 종이 문서로 쌓아온 공정·기계별 운영일지도 모두 데이터베이스(DB)에 넣어 관리한다.

이제는 전통 제조업체도 제조 공정에 IOT와 빅데이터, 클라우드, 플랫폼 등을 접목한 혁신을 추구해야 살아남을 수 있다. 반드시 자신들만의 새로운 디지털 트윈 혁신 비즈니스 모델을 찾아야 한다.

다음 사진은 실제 항공기(왼쪽)를 디지털 트윈(오른쪽)으로 구축한 형상이다.

항공기 엔진의 실제와 디지털 트윈 모델이 있는데, 운항 시 실제 엔진에서 얻는 빅데이터를 디지털 트윈 모델에 입력하여 엔진의 최적화 조건을 찾아낸다. 그런 뒤 실제 항공기 엔진에 실시간으로 피드

백하여 최적의 운항을 유도한다. 이것으로 항공사는 항공기 운항에 소요되는 비용을 줄인다.

위의 사진은 비행기의 디지털 트윈에 적용되는 디지털 기술의 연관도를 보여준다. 실제 운항 시 발생하는 제트엔진의 수많은 데이터를 측정하여 클라우드로 전송하면 디지털 트윈 모델에서 그 입력된 데이터를 활용한다. 크라우드 컴퓨터와 인공지능으로 시뮬레이션하여 최적의 운항 데이터를 찾은 후에 데이터를 다시 현실 세계의 비행기로 보내 최적 운항이 되도록 통제한다.

디지털 트윈은 적용 수준에 따라 몇 가지 단계로 구분한다. 3단계 모델의 경우에는 1단계 시각화, 2단계 실시간 모니터링, 3단계 분석,

예측 및 최적화로 이어진다.

시각화는 현실에서 사용하는 실제 제품의 형상을 3D 모델로 개발(CAD라고 부른다)하는 것이다. 실제 제품을 사용하면서 얻은 빅데이터를 수집하여 디지털 트윈 모델에 입력하면 제어, 분석, 시뮬레이션으로 최적의 운영 조건을 찾아내 이를 다시 실제 제품 사용에 적용한다. 최적의 사용 환경이 이뤄지도록 하는 것이다.

디지털 트윈이 성숙해 가는 단계를 다섯 가지로 나누는 모델도 있는데, 이는 디지털 트윈의 실현 수준에 따라 구분된다.

레벨1은 '형상 모사 디지털 트윈'이라 부른다. 실제 세계의 형상을 2D나 3D로 모델링하여 디지털로 시각화한 현실이다. 모델링은 CAD(Computer Aided Design) 작업으로 진행한다.

레벨2는 '정적 디지털 트윈'이라 부른다. 주로 사람이 개입하여 동작하고 실시간 모니터링으로 부분적으로 자동 제어된다. 행동이나 역학 모델은 없지만 프로세스 논리가 적용되어 운영된다.

레벨3은 '동적 디지털 트윈'이라 부른다. 현실 대상에 대한 모델이 존재하고 동작 모델에 대한 입력 변수의 변화로 동작을 시뮬레이션할 수 있다. 문제를 재현하여 원인 분석을 하고 현실에 적용할 수 있다. 현실 대상과 디지털 트윈은 데이터 링크로 동기화하여 작용과 반작용의 상호작용을 할 수 있으나, 최종 실행 단계에서는 사람이 개입해야 한다. CAE(구조해석), 디지털팩토리 등이 해당한다.

레벨4는 '상호작용 디지털 트윈'이라 부른다. 디지털 트윈 간의 연계나 동기화, 상호작용 작업이 가능한 이종 도메인이 연결되는 디지털 트윈 간의 연합 동작모델이다. 최종 실행 단계에서 관리자인 사람의 확인과 인과 결정을 위한 개입이 필요하나.

레벨5는 '자율 디지털 트윈'이라 부른다. 현실의 물리 트윈과 디지털 트윈, 또는 다수의 디지털 트윈 간의 실시간, 자율적·통합적 동기화로 작동한다. 사람의 개입이 필요 없는 완전 자율화한 디지털 트윈이다.

이처럼 디지털 트윈의 목적은 실제 제품이나 개체와 동일한 형상과 시스템을 디지털 모델로 만들고, 사용 중에 발생한 빅데이터를 디지털 트윈에 입력하여 시뮬레이션함으로써 최적의 사용 조건을 찾은 뒤, 이를 다시 실제에 적용하여 효과를 얻는 것이다.

디지털 트윈은 산업과 기업, 정부 차원에서 다양하게 적용 중이며, 빠른 속도로 시장과 산업이 성장하고 있다. 향후 7년간 10배 이상의 성장이 예상된다.

디지털 트윈이 가장 광범위하게 사용되는 분야는 스마트시티다. 스마트시티는 정부 차원에서 건설하는 4차 산업혁명 기술을 적용한 계획 도시를 말한다. 스마트시티 건설의 목적은 ICT 기술을 접목하여 지속 가능한 도시를 만드는 것이다. 거기에서 생활하는 사람들의 삶의 질을 높이고 생활(주거, 이동, 활동)의 편의성을 극대화하는 것이다. 도시 전체를 하나의 운영 체계를 가진 플랫폼으로 만들어 데이터를 공유하고 새로운 산업과 서비스를 창출하는 것이다.

스마트시티는 스마트팩토리, 스마트공항, 스마트항구 등 다양한 분야에 적용되고 있다. 대한민국 정부에서는 이를 국토가상화 기술

이라 부른다.

디지털 트윈은 메타버스-물리가상 생태계(Metaverse-Atom Bit Eco-system, M-ABE)와 밀접하게 연관된다. 실세계와 실시간 모니터링 데이터를 3차원 가상세계에 구축한 디지털 트윈에 연동하여 현실 세계를 모니터링한 뒤, 그 데이터를 분석하고 예측하고 시뮬레이션하여 최적화한 대안이나 관리 방안을 찾아 현실 세계에 제시하고 적용하는 것이다.

디지털 트윈도 AR과 VR과 연관되고 3D 모델링을 기본으로 사용하므로 메타버스로 연결될 것이다. 예를 들어, 새로 건설하는 스마트 시티를 메타버스 내에 만들어 사람들의 활동 방식과 업무를 추진하는 활동이나 움직이는 동선에 대한 빅데이터를 수집하고 분석하여 최적의 운영 가이드를 만들어 현실 세계에 적용하는 것이다. 현실 세계에서 실시간으로 데이터를 수집하고 이를 3차원 가상세계에 연동하여 분석 및 시뮬레이션을 하고 여기서 얻은 인사이트를 다시 현실 세계로 보내어 활용하는 것이다. 이를 '물리 가상 선순환 사이클'이라 부르는데, 이는 무한 반복된다. 메타버스-물리가상 생태계는 다양한 소프트웨어와 하드웨어로 구성되고 운영된다.

산업계에서도 디지털 트윈을 도입한 사례가 늘면서 이 기술에 대한 관심이 커지고 있다. 마이크로소프트는 클라우드 기반의 '애저 디지털 트윈'을 개발하여 공개했다. 이와 더불어 두산중공업은 애저 디지털 트윈을 활용해서 풍력 발전소를 구축했다. 이처럼 디지털 트윈 기술은 실제 제조나 생산 공장을 디지털 모델로 구축하여 관리하고 활용한다.

디지털 트윈은 현실에 존재하는 모든 것(사물, 장소, 업무, 서비스 등)을 대상으로 적용할 수 있다. 하지만 디지털 트윈이 실현되는 단계가 레벨에 따라 다르므로 아직도 가야 할 길이 멀다. 현재 AI가 실제로 유용하게 활용되듯, 디지털 트윈도 몇몇 분야에서 매우 유용한 기술로 주목받고 있다. MS가 상업화한 디지털 트윈 툴(tool)을 내놓은 이유다.

제조업은 디지털 트윈을 적용해 가장 큰 효과를 볼 수 있는 산업 중 하나로 꼽히고 있다. 제조 공정을 디지털화하면서 안전성을 높이고 관리와 운영 비용을 대폭 절감할 수 있다.

두산중공업은 풍력 발전소 설계와 운영에 MS 애저 디지털 트윈 솔루션을 사용했다. 바다에 설치된 풍력 발전소는 사람이 직접 정비하기 어렵다. 바다 위에 설치된 해상 풍력 발전소를 관리하기 위해서는 디지털 트윈이 필수다. 사람의 힘으로 할 수 없는 것에 디지털 기술을 결합하면 편리성과 효율성을 높일 수 있다.

두산중공업은 디지털 트윈으로 에너지 발전을 극대화하고 기존 설비의 유지 보수 비용을 절감할 수 있는 차세대 풍력 발전 체계 구축을 추진하고 있다. 디지털 트윈 솔루션은 실시간으로 날씨, 기온, 풍향과 풍속 등의 운영 데이터를 머신러닝 기반 모델과 결합해 생산량을 정확히 측정할 수 있다.

디지털 트윈과 메타버스는 어떤 관계로 연결될까? 20년 전에 개발된 디지털 트윈은 정부가 추진하는 스마트시티나 제조 기반 기업의 상품이나 서비스 관리와 운영의 효율화를 위해 개발되고 적용됐다. 그래서 일반 사람들과는 거리가 멀었다. 그런데 메타버스가 등장하고, 수많은 사람이 거기에 몰려 들어 그곳의 사회 활동과 경제 활동이 폭발적으로 늘어 나면서 메타버스 속으로 들어 오기 시작했다. 다만 산업이나 기술에 관련한 디지털 트윈이 아니고 보통 사람들도 관심을 가질 만한 분야가 접목되고 있다.

03
메타버스로 헤쳐
모이는 기업들

    메타버스라는 새로운 기술의 등장에 개인과 기업 중 누가 가장 민감하게 반응하고 대응할까? 새로운 기술이나 서비스가 세상에 소개되면 모든 사람이 일시에 관심을 갖고 사용하거나 구매하지 않는다. 이것을 명확하게 설명하는 게 기술 수용주기(다음 그래프)다.

    기술 위주의 제품이나 서비스가 처음 시장에 출시되면 기술 수용주기를 따라 5단계로 구분된 '진입, 성장, 성숙, 정체, 쇠퇴기'를 거친다. 다음 그래프처럼 신기술을 인지하면 즉시 관심을 갖고 사용하거나 받아들이는 그룹이 혁신 수용자들이다. 이들은 세상에 없던 새로운 기술이나 상품이 나오면 의심이나 거부감을 갖기보다 강한 호기심으로 다가간다. 주변의 사람들보다 먼저 발견하고 경험하는 데 높은 가치를 둔다. 혁신 수용자들이 경험하면서 일정 기간 입소문을 내

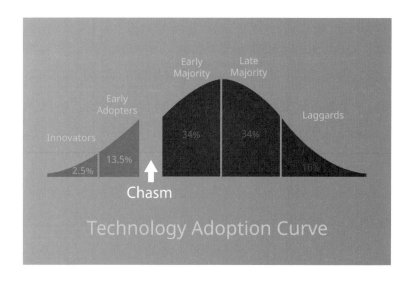

면, 얼리어댑터들이 관심을 갖고 접근한다. 기술이 시장에서 살아 남으려면 전기 다수 수용자 그룹이 생겨야 한다.

그런데 수많은 기술이 이들에게 다가가지 못하고 사라진다. 죽음의 계곡인 캐즘에 빠지기 때문이다. 캐즘에 빠지는 이유는 다양하다. 혁신 수용자나 얼리어댑터에게서 나오는 피드백이나 개선 요구에 제대로 대응하지 못하거나 전기 다수 수용자들이 인지하도록 마케팅이나 홍보를 효과적으로 하지 못하기 때문이다. 아니면 기존에 시장에 진입하여 업계를 선도하는 경쟁자가 너무 강력하거나 그들의 전방위적 방해를 극복하지 못하는 이유도 있다.

메타버스는 지금 어느 단계에 있을까? 예전에는 얼리어댑터들에 의해 수용되고 사용되던 단계였다. 하지만 전기 다수 수용자에게는 다가가지 못했다. 자칫 잘못하면 캐즘에 빠질 수도 있는 상황이었다. 그런데 코로나19 사태로 인해 비대면과 재택근무가 일상화하면서 전기 다수 수용자들과 일시에 연결되고 있다. 이제는 개인과 기업 모두 메타버스의 개념과 기술을 이해하고 있고, 생활과 업무에 어떻게 적용할지 연구하고 적용하는 상황이다. 이 책을 통해 메타버스를 처음 접하는 독자나 기업이라면 더 적극적으로 메타버스를 이해하고 다가가야 한다.

최근 몇 개월 동안 전 세계에서 수많은 기업이 메타버스를 활용하기 시작했다. 이것은 어느 한 분야만의 변화가 아니고 모든 산업 분야를 망라한다. 게임, 엔터, 금융, 홈쇼핑, 제조, 서비스, 패션, 교육, 여행 관련 기업이 모두 포함된다.

기업들은 메타버스에서 회의하고 프로젝트를 진행하며 계약이나 협약을 맺기도 한다. 기업 행사도 마찬가지다. 기업이 앞을 다투어 메타버스로 헤쳐 모이는 이유는, 구매력 높은 고객군 중에서 절대 다수를 차지하는 MZ세대를 잡기 위해서다.

MZ세대는 디지털 환경에 익숙하고, 최신 트렌드와 남과 다른 이색 경험을 추구하는 특징을 보인다. 성장하여 사회로 진출한 이들은 최신 트렌드에 대한 구매력과 소비력도 매우 높다. 메타버스는 절대 다수를 차지하는 MZ세대가 선호하기에 홍보 효과도 높다.

보수적 기업 문화와 경영 전략을 가진 금융사들이 메타버스 기술 도입으로 업무 효율성을 높이거나 금융 서비스 개발에 박차를 가하고 있다. 글로벌 금융기업인 씨티은행은 트레이더 전용 홀로그래픽 분석기를 개발하여 원격으로 의사소통을 하고 있다. HSBC는 상품

소개와 고객 상담용 메타버스 서비스를 출시했다.

국내 기업들에게 메타버스는 아직 도입 초기지만 회의나 세미나 활용부터 메타버스와 연계한 금융점포 개설까지 다양한 분야로 확산하고 있다. 최근 DGB금융그룹이 소셜 플랫폼 제페토와 연계해 메타버스 공간에서 경영진 회의를 열었고 금융점포 개설도 준비 중이다. SC제일은행은 금융권에서는 처음으로 메타버스 공간에서 자산관리 고객을 대상으로 디지털 웰시케어 세미나를 진행했다. 메타버스 콘셉트를 도입해 라이브 스트리밍 방식으로 세미나를 실시했다. 세미나 공간을 메타버스 가상공간으로 연출하고 가상 아바타가 고객을 맞이할 예정이다.

최근 KB금융지주경영연구소는 메타버스 관련 보고서에서 KB금융그룹의 메타버스를 통한 디지털 지점을 제안했다. 제페토에 광고 모델인 방탄소년단이 직원으로 일하는 디지털 지점을 오픈해 주요 이용자인 Z세대에 KB금융의 브랜드 이미지를 구축하고 미래 고객과의 스킨십을 강화하겠다는 전략이다. 또 메타버스로 디지털 연수원을 운영해 가상현실 기기를 활용한 교육 콘텐츠를 만들어 직원들의 고객 경험을 높일 계획이다.

농협과 신한도 '메타버스를 중심으로 헤쳐 모여'를 진행 중이다. 하나은행 하나금융경영연구소는 최근 보고서에서 "금융 서비스가 아직은 AR/VR 기술을 기존 금융서비스와 연계하는 금융 중심형이 주류지만 앞으로는 비금융사와의 연계형 서비스도 보편화될 것"으로 분석했다. 메타버스라는 가상경제 플랫폼에서 금융상품과 연계하고 유통업과 제휴하여 O2O(온라인과 오프라인을 연결) 금융이 가능해진다. 연계형 서비스는 새로운 시장 진출과 신규 고객 확보에 이짐이 많기에 금융업에 새로운 기회를 제공할 것이다.

롯데건설은 메타버스 플랫폼인 SK JUMP를 활용해 '홍보 서포터즈 발대식'을 가졌다. 롯데건설의 MZ세대 직원 8명으로 구성된 홍보 서포터즈는 기업 홍보와 내부 임직원 소통 강화로 젊고 밝은 기업 이미지 구축을 목적으로 1년간 활동하며 매월 아이디어 회의를 하고, 최신 트렌드에 맞는 컨텐츠 제작 및 사내 행사 참여 등 다양한 역할을 수행한다. 롯데건설의 주니어보드도 '게더타운'에서 정기회의를 진행했다. 주니어보드는 20~30대 직원 20명으로 구성되었는데, 정기회의를 통해 대표이사와 함께 롯데건설의 비전과 기업문화 개선에 대해 토론한다. 몇 년 전 패션기업인 구찌가 활용하여 성공한 것을 벤치마킹하여 도입했다. 이를 통해 젊은 세대 트렌드를 기업문화에 접목하고, 2030 직원들의 목소리를 수렴해 전사 업무 프로세스에 적용한다. 신입사원 채용 설명회도 메타버스 플랫폼인 게더타운을 활용해 진행할 예정이다. 또 롯데건설은 지난 7월 건설업계 최초로 직방과 손잡고 메타버스를 활용한 부동산 서비스 활성화에 나섰다.

글로벌 패션기업인 구찌는 메타버스 활용의 가장 선두 주자이다. 구찌는 창사 100주년을 맞아 로블록스 안에 이탈리아 피렌체 매장을 구찌 가든이란 이름으로 구현해 공개했다. 제페토에서 60여 종의 의상과 신발, 가방을 공개해 화제를 모았다. 루이비통과 버버리도 가상현실에서 자사 제품을 선보이고 있다. 아이템을 구매한 고객들은 구찌 상품을 로블록스 안에서만 사용할 수 있다.

　자사 전용 오프라인 매장과 온라인 스토어를 운영하던 글로벌 기업들이 메타버스 플랫폼을 이용하는 까닭은 MZ세대가 선호하고 활동하는 곳으로 찾아가 소통하고 그들을 미래 고객으로 만들기 위해서이다. 그동안 기성세대를 주요 고객으로 생각하던 것에서 벗어나 향후 강력한 구매력을 가지게 될 이들과 소통하고 교감하여 자연스럽게 자사의 고객으로 만들려는 것이다.

　구찌가 이처럼 MZ세대를 겨냥한 매타버스 플랫폼 매쉬업에 적극적인 이유는, 2013년과 2014년에 젊은 세대가 주요 구매층으로 바뀌었기 때문이다. 구찌는 부모세대가 선호하던 올드패션 브랜드라는 인식이 강하여 MZ세대에 관심을 두지 않아 심각한 재정 위기를 맞았던 경험이 있다. 이런 위기를 맞은 것은 자업자득이었다. 기성세대 고객만으로도 매출이 늘고 순이익이 많았기에 명품 업계는 젊은 세대가 구찌를 착용하면 격이 떨어진다는 생각에 그동안 밀레니엄 세대를 반기지 않았다. 하지만 이들이 주요 구매층으로 성장하고 기성세대의 구매력은 떨어진 상황에서, 이들은 부모세대처럼 명품을 소유하기보다 경험을 중시하고, 명품 브랜드보다 개인의 개성과 가치를 중시하는 성향이 강하여 비싼 명품 구매를 거부했다. 위기감을 느낀 경영진은 문제의 원인을 분석하여 해결책을 강구했다. 그렇게 해서 찾은 해법은 MZ세대에 적합한 디자인과 상품을 출시하는 것이었다.

　이처럼 시대 변화에 따라 경영과 디자인 전략을 혁신했던 구찌는 메타버스 시대가 도래하자, 메타버스의 주요 이용자가 MZ세대임을 확인하고 바로 메타버스에 접목했다. 그래서 제페토에 구찌가든을 만들고 젊은 이용자들과 소통하고 있다.

물론 제페토에서 파는 상품은 실제가 아니다. 아바타에게 적용하는 디지털 패션이다. 하지만 구찌 브랜드가 이용자의 아바타에 잘 어울리고 익숙하게 되면, 오프라인 매장에서 자연스럽게 구매할 수 있다는 것을 구찌는 너무도 잘 알고 있다.

이처럼 메타버스는 평소 비싼 가격으로 인해 오프라인에서는 구매하기 어려운 명품까지도 손쉽게 구할 수 있는 공간으로써 젊은 세대에게 인기가 높다. MZ세대 사이에서는 "제페토에서 구찌 플렉스(Flex)했다."라는 말까지 유행한다고 한다. 플렉스는 돈 자랑을 뜻하는 신조어다. 이는 명품에 대한 관심이 높은 Z세대(1990년대 중반부터 2000년대 초반 사이에 출생한 사람)를 끌어들이는 효과를 발휘한다. 제페토 이용자 중 Z세대인 10대 비중이 80%를 차지한다. 자신을 쏙 빼닮은 아바타를 꾸미는 행위가 일종의 놀이이자 유행으로 자리매김했다.

Z세대는 메타버스를 SNS처럼 자신의 개성을 표현하는 수단으로 활용한다. 이들이 제페토에 몰리는 이유는 현실 세계에서는 몇 백만 원을 호가하는 명품을 단돈 3,000원에 구매할 수 있기 때문이다. 패션, 명품, 화장품 기업은 이런 Z세대의 욕구를 충족할 목적으로 제페토에 입점하고 있다. 패션 기업 LVMH그룹의 크리스챤 디올은 제페토에 먼저 협업을 요청하여 메이크업 콜렉션 9종을 출시했다.

두산 베어스는 국내 프로 스포츠 구단 최초로 네이버제트와 제휴해 제페토에 가상현실 맵을 열었다. 팬들이 평소 궁금해하던 라커룸,

실내 연습장, 덕아웃, 로비로 맵을 구성해 간접 체험하도록 했다. 팬들은 출시된 유니폼을 입고 마스코트 철웅이와 사진을 찍기도 한다.

유통업계도 메타버스 플랫폼이 MZ세대를 타깃으로 한 마케팅에 효과적이라는 확신에 적극적으로 참여 중이다. 빙그레는 '이프랜드'에서 랜선 파티를 진행해 MZ세대에게서 폭발적 호응을 이끌어냈다. 독특한 마케팅 활동으로 젊은 층 소비자에게 좋은 반응을 얻고 있다. 제품 출시 전에 먼저 홍보하고 소비자 반응을 분석해 출시하는 베타 테스트용으로 사용하기 위해서다.

특히 메타버스는 이름이 알려지지 않은 스타트업에 확실한 홍보 도구로 활용된다. 커피 구독 서비스 스타트업 터틀크루 카페박스는 메타버스 플랫폼 '게더타운'을 활용해 제1회 커피 박람회를 개최했다. 박람회에는 커피에 관심이 있는 이들이 아닌 메타버스에 관심이 있는 이들이 참가했다. 참가자 절반이 메타버스를 이용한다는 소식에 참여했다. 메타버스를 활용한 덕에 알려지지 않은 브랜드와 회사를 홍보하는 효과가 있었다. 다양한 플랫폼을 동시에 활용하여 소비자와의 상호 소통에 도움이 되는 장점이 있다.

하나은행은 메타버스 생태계에 본격적으로 참여하기 위해 디지털 경험본부 조직 내에 '디지털혁신TFT'를 신설했다. 여기서는 원천기술 보유 업체와의 비즈니스 협력·투자 방향 검토, PB 고객을 위한 세미나·투강연 및 상담 서비스, MZ세대 손님과 소통하기 위한 체험 공간(컬처뱅크, 클럽원, 하나드림타운 등) 구축, AR·VR 기술을 활용한 영업지원(마이브랜치, CRM 연계) 등 다양한 접근 방식을 추진한다.

디지털혁신TFT는 가장 먼저 메타버스에 대한 직원들의 관심과 이해를 높이기 위해 메타버스 플랫폼을 이용한 내부 활동을 시작했다. 디지털경험본부 유닛리더 회의에서 리더들은 메타버스 플랫폼인 이프랜드에 접속해서 자신의 아바타를 활용해 각자 준비한 자료를 공유하며 자유로운 시간을 가졌고, 직원들의 업무능력 향상을 위해 운영 중인 주말 자율 화상연수 프로그램을 메타버스를 활용한 방식으로 전환해 가고 있다.

디지털에 익숙한 MZ세대 직원들의 특성을 고려한 메타버스 연수도 실시했다. 아바타를 활용해 마치 게임에 참여하듯 재미 요소를 교육에 접목해 강의 몰입도를 높였다. 향후 지식포럼, 리더십 과정 등으로 확대해 교육 분야에서도 메타버스 활용 범위를 확대해 나갈 계획이다. 하나은행은 메타버스를 단순히 가상의 은행 점포를 만들거나 회의 공간으로 활용하는 등 기존 금융권의 접근 방식을 넘어 관련 산업에 대한 충분한 이해를 바탕으로 중장기 과제를 도출하여 단계별로 메타버스 확산 프로젝트를 추진할 계획이다.

LG CNS도 게더타운에 'LG CNS Town'을 오픈했다. 쇼룸, 세미나룸, 라운지 등을 갖춘 타운에서 AI, 물류, 보안 등 다양한 서비스가 24시간 언제든지 가능하다. 쇼룸에서는 영상을 보며 각각의 사업별 DX 사례를 살펴볼 수 있다. 세미나룸은 컨퍼런스홀 형태로 구현되었고, 고객은 아바타로 참가하여 의자에 착석하고 화상 미팅으로 소통할 수 있다. 라운지는 네트워킹과 이벤트를 위한 공간으로 DX 퀴즈 공간과 뉴스레터를 신청할 수 있는 북카페도 방문할 수 있다.

— 3부 —

·

Study

·

메타버스
적용 사례 배우기

01
MZ세대의 놀이터,
제페토

제페토가 디즈니 픽사와 같이 개발한 슈팅 게임이 있다. 영화 〈토이 스토리 4〉를 테마로 만든 '토이 스토리' 공식 맵에서 과녁을 맞추는 게임이다. 성적이 좋으면 토이 스토리 테마 의상을 받는 재미도 있다.

네이버 자회사 '네이버제트'가 운영하는 제페토(ZEPETO)는 일반 이용자를 위한 '게임 만들기' 기능을 제공한다. 이용자는 플랫폼에서 제공하는 게임만 플레이하는 게 아니라, 자신이 직접 만들어 올린 게임을 친구들과 함께 즐기고 수익을 낼 수 있도록 한 방식이다. 제페토는 거대한 메타버스 생태계를 조성 중인 미국 로블록스(Roblox)의 경쟁자다.

제페토는 이용자 아바타가 활동하는 가상공간인 맵(map), 의상 등 아이템을 만들 수 있는 창작 지원 플랫폼 '제페토 빌드잇'과 '제페토 스튜디오'에서 게임을 제작할 수 있는 기능도 제공한다. 2018년 출시 후 2억 명 이상의 글로벌 이용자를 모은 제페토는 다양한 테마의 가상공간에서 아바타들이 만나 소통하는 기능에 집중했다. 이제는 이용자 참여 기반 서비스를 대폭 강화해 제페토에 창작물을 올리고 돈도 버는 경제 생태계를 구축하는 중이다. 제페토를 단지 아바타를 가지고 노는 게임 수준을 넘어, 이용자라면 누구든지 실제로 수익을 낼 수 있는 플랫폼으로 발전시키는 게 목표다. 이런 전략은 더 많은 이용자가 제페토 플랫폼에 가입하고 경쟁 메타버스 플랫폼으로 이탈하지 않게 하기 위한 장기 포석이다.

제페토에는 2만 개 이상의 맵이 있다. 맵은 크게 두 종류다. 네이버제트가 직접 개발한 '공식 맵'과 제페토 이용자가 만든 맵이다. 현재는 공식 맵에만 점프, 슈팅, 탈출, 라이딩, 모험 같은 게임 요소가 포함되어 있다. 하지만 일반 이용자도 이런 게임 기능을 넣어서 맵을 만들 수 있다. 지금까지 일반 이용자가 만든 맵에서 이른바 아바타들의 '노는 활동'은 모여 앉는 '카페'나 '파티', 사진을 찍는 '포토 스팟', '공연' 등에 국한되었다.

제페토에는 '선물 주기' 기능이 있다. 제페토 관리자가 주기도 하고 친구를 맺은 상대방이 주기도 한다. 아래 사진은 필자가 선물 주기로 받은 선물들인데, 아바타를 다양하게 꾸미는 재미를 준다. 그래서 회원들을 제페토에 계속 머물게 하는 '록인(Lock-in)' 효과를 만든다.

02
일하는 모습을 바꾸는 메타버스 오피스, 게더타운

지금까지의 재택근무 방식은 가정이나 조용한 공간에서 혼자서 일하다가 협업이나 업무회의가 필요한 경우, 서로 약속한 시간에 줌이나 팀즈에 접속하여 온라인으로 만나는 것이었다. 화상으로 진행되므로 얼굴을 보여야 하고, 머리 스타일이나 화장도 신경 쓰고, 복장도 갖춰야 한다. 코로나 사태로 아이들도 집에서 수업을 들어야 하니 재택근무 중인 부모에게 말을 걸거나 가끔 방해가 되기도 한다.

상사의 처지에서는 직원에게 급히 연락을 하거나 이야기를 나누고 싶을 때에도, 전화를 걸거나 사전에 예고되지 않은 줌 미팅을 하는 것도 부담이 된다. 화상회의나 협업을 하지 않는 나머지 시간에 혼자 업무를 할 때는 고립감을 느끼기도 한다. 자신의 근무가 상사의 눈에 보이지 않으니 놀고 있는 것으로 오해받거나 업무 평가에 불이익이 있지 않을까 걱정된다. 하지만 메타버스는 이런 문제들을 모두 해결하는 요술 방망이와 같다. 그래서 많은 기업과 조직이 메타버스를 활용하기 시작했다.

메타버스 시대를 맞이하여 기업들의 업무와 경쟁은 가상공간에서 이루어질 것이다. 코로나19로 대면 행사에 많은 제약이 따르자 여러 기업과 학교가 메타버스로 대안을 찾았다. 건국대학교는 학교 축제를, 순천향대학교는 신입생 입학식을, 네이버는 신입사원 오피스 투어를, 크리스찬 루부탱은 패션쇼를 가상공간에서 진행했다.

이런 변화는 금융권이나 스타트업 등 분야와 규모를 가리지 않고 전방위로 진행 중이다. 국민은행은 게더플랫폼을 활용하여 'KB금융타운'을 오픈했고, 우리은행도 메타버스 플랫폼으로 다양한 이벤트를 개최하며 임직원 간에 수평적으로 소통한다. 현대자동차는 쏘나타 시승식도 열었다.

부동산 중개 플랫폼 직방의 직원들은 2D 가상 오피스인 게더타운에 이어, 최근 '메타폴리스'라는 국내 최초의 메타버스 오피스를 만들어 가상공간에서 업무를 진행하고 협업한다. 직원들은 가상공간에 마련된 30층짜리 사무실로 출근하는데, 자신을 대신하는 아바타가 책상에 앉아 일하거나 회의실로 이동하여 협업회의를 진행한다. 휴게실에서 다른 사람들을 만나서 이야기를 나누고 잠시 휴식 시간을 보내기도 한다.

메타버스 플랫폼은 사용 방법과 목적에 따라 크게 네 가지로 구분된다. 첫째, 제페토, 로블록스, 마인크래프트, 이프랜드 같이 3D 모바일 플랫폼으로 게임, 네트워킹, 경제 활동(수익 사업)을 하는 것이다.

둘째, 게더타운처럼 PC 브라우저에서 2D 온라인 가상세계를 구축하여 회의, 행사, 교육, 업무, 협업을 하는 것이다. 셋째, 스페이셜(https://spatial.io/#)이나 글루(https://glue.work)처럼 PC 브라우저에서 3D 온라인 가상세계를 구축하여 회의, 행사, 교육, 업무, 협업을 하는 것이다. 넷째, HMD 고글이나 웨어러블 글래스를 착용하여 가상세계로 접속하여 게임이나 작업을 하는 것이다.

앞의 세 가지는 모바일이나 PC만으로 이용할 수 있고, 네 번째는 HMD나 글래스를 필요로 한다. 스페이셜이나 글루는 PC 화면에서 사용할 수도 있고, HMD 기기를 착용하여 활용할 수도 있다. HMD 기기가 있으면 SF영화에서 보던 것처럼 3차원 작업 공간에서 다양한 화면이나 작업창, 서류를 동시에 펼쳐놓고 효과적으로 일하는 것이 가능하다.

게임이나 엔터테인먼트는 모바일만 있어도 사용하는 데 큰 문제나 불편이 없다. 하지만 회의, 교육, 행사, 협업 등은 마우스와 키보드 작업이 수반되므로 모바일로는 제약이 많고 PC에서 사용해야 편리하고 작업성도 높다.

시원한 파도 소리가 들리는 바닷가 펜트하우스에 십여 명이 모여 맥주와 치킨을 먹으면서 야간에 '루프탑 파티'를 즐긴다. 코로나19 대유행 상황이지만 마스크를 쓴 사람은 단 한 명도 없다. 오프라인 모임이 아니고 메타버스 속 가상공간에서 열린 행사이기 때문이다. 직원들은 자기 집에서 메타버스 온라인 화상 화면과 자신을 대신하는 아바타를 통해 동일한 공간과 시간을 공유하지만, 몸은 자기 집이나 독립 공간에 있다.

회사가 직원들의 워크숍을 메타버스로 진행한다. 메타버스 플랫폼인 '게더타운'으로 임직원들은 전국 각지에서 재택근무를 하면서 워크숍에 참가한다. 일부 직원들은 오랜만에 시골의 고향집에 방문하여 참여하기도 한다. 워크숍은 기존의 오프라인 방식과 같은 일정대로 진행된다. 본부별 상반기 결산 회의와 하반기 사업전략 수립부터 부서별 회의, 단체 행사와 저녁 회식 등이다. 참석자들은 자유 시간에 몇 명씩 모여 가상공간에 마련된 휴식 공간이나 야외 운동장을 돌아다니기도 하고 개인 시간을 가진다. 온라인 회식은 가상공간 속 루프탑에서 저녁식사 시간에 맞추어 서너 시간 동안 진행된다. 사전에 참석자들이 집에서 맥주와 치킨 등 음식을 준비할 수 있도록 회사는 구매 쿠폰을 지급했다. 각자 준비한 음식과 음료를 화면으로 마주하면서 같이 먹고 얘기도 하는 방식이다.

메타버스인 게더타운을 이용하면 이런 모임이나 행사 진행이 가능하다. 게더타운은 회의, 교육, 컨퍼런스, 행사, 네트워킹 등을 할 수 있는 온라인 가상현실 플랫폼이다. 가상공간에는 참가자를 대신하는 아바타가 보인다. 이용자가 원하는 공간 내에서 자유롭게 움직이고, 다른 아바타(참가자)를 만나 이야기를 나누고 협업할 수 있다. 모임이나 협업 공간을 구성하고 준비하는 것도 쉽다. 플랫폼에서 제시하는 메뉴와 옵션을 선택하면 된다. 사람 규모에 따라 공간을 나눌 수 있는데, 최소 2명부터 100명까지 총 4개 방 중 하나를 설정할 수 있다. 이동 중에 아바타끼리 거리가 가까워지면 화상 모드가 작동해 얼굴이 나오고 소리도 들린다. 둘이서 조용히 대화할 수도 있고, 전체를 대상으로 발표할 수도 있다. "메타버스는 이전의 비대면 화상회의인 줌이나 팀즈보다 참가자들의 참여와 몰입을 높일 수 있는 새로운 방식"이다. 코로나19 확산이 지속되면서 기존에 오프라인으로 진행하던 다양한 모임과 행사가 메타버스 행사로 빠르게 전환하고 있다.

게더타운은 필립 왕이란 청년이 2020년 5월에 개발했다. 이제 갓 1년을 넘은 스타트업이다. 세계적으로 유명한 벤처캐피탈 세쿼이아에서 2,600만 달러를 지원받았다. 그는 게더타운을 개발하기 전에 온라인타운이란 이전 버전을 개발하기도 했다. 카네기멜론대학교에서 컴퓨터과학을 전공한, 2019년 졸업 때 평균 학점이 3.93인 수재였다.

게더타운은 메타버스 기반의 온라인 오피스 솔루션인데 무료 계정으로 25명까지 모임을 가질 수 있다. PC 브라우저 기반으로 사용하므로 프로그램을 설치할 필요가 없다. 크롬 브라우저에 특화되어 구동된다. 컴퓨터의 하드웨어 사양(CPU 속도와 메모리 사이즈 등)과 크롬 브라우저의 속도, 동시 접속자 수와 활동 내역 등에 영향을 받으므로 게더타운 사용이 매끄럽지 않을 수도 있다.

게더타운을 효과적으로 활용하려면 무조건 게더타운에 가입하여 사용하는 것은 바람직하지 않다. 사용하기 전에 게더타운이 제공하는 기능과 도구가 무엇이고, 그것들이 왜 그렇게 설계되어 개발되었는지에 대한 개념을 잘 이해해야 한다. 그래야 사용도 쉽고 자신이나 조직을 위한 공간(맵) 설계를 제대로 할 수 있다. 게더타운은 스페이스(공간)를 여섯 가지 카테고리로 구분하여 79가지 템플릿으로 제공한다. 초보자들은 이를 그대로 사용해도 유용하지만, 더 깊이 있게 사용하고 나면 자신의 목적에 맞게 공간을 직접 설계할 시점이 온다. 공간의 구조와 레이아웃을 회사 사무실과 동일하게 만들어 쓸 수도 있다. 이것을 제대로 실행하려면 스페이스(공간·맵), 포털, 오브젝트, 타일, 월(벽), 플로어(바닥) 등의 용도를 이해해야 한다.

스페이스는 사람들이 모여서 활동하는 공간이다. 공간은 목적과 용도에 따라 다양한 구조와 레이아웃으로 설계되는데, 이렇게 해서 만든 것이 맵이다. 스페이스는 최소 한 개의 맵부터 여러 개의 맵으로 구성된다.

예를 들어 게더타운에서 '메타버스 오피스'라는 이름으로 스페이스를 만들 때, 단층 구조의 넓은 사무실이 있고 거기에 개인별 책상이 있는 업무 공간과 여러 개의 회의실, 탕비실과 휴게실, 직원 교육을 하는 교육실이 있다. 2층 옥상에는 파티나 식사 등을 하는 루프탑 공간이 있다. 1층 사무실 정문의 반대편에는 해변으로 나가는 뒷문이 있다. 메타버스 오피스는 사무실, 루프탑, 해변 등 세 가지 영역으로 구성되고, 각각은 맵으로 만든다. 따라서 세 개의 맵을 개발해야 한다. 그런데 세 개의 맵을 게더타운이 실행되는 컴퓨터 화면 하나에 모두 배치하면, 맵의 크기가 작아 이용자들은 공간 안에 있는 집기나 위치를 구분하기 어렵다. 이것을 해결하는 방법은 맵을 독립적으로 설계하여 화면에 보여 주는 것으로 레이어(층) 구조를 갖는다. 루프탑, 사무실, 해변 각각을 한 개의 레이어 맵으로 만든다. 만약에 루프탑이나 해변이 필요하지 않다면 하나의 레이어와 맵으로 만든 사무실만 있으면 된다.

여러 개의 레이어 맵으로 구성된 스페이스라면 사무실 레이어에서 루프탑 레이어나 해변 레이어로 이동할 수 있어야 한다. 레이어와 레이어를 연결한 것이 포털(Portal)이다. 연결문과 같은 기능이다. 만약에 이용자가 사무실 레이어에 있다면 화면에는 사무실만 보이고 루프탑이나 해변은 보이지 않는다. 루프탑으로 가려면 여기로 연결되는 루프탑 포털로 이동해야 한다. 사무실에서 해변으로 이동하려면 사무실 맵에 설치된 해변 포털로 이동해야 한다. 해변 포털을 통해 해변으로 이동하면 화면에는 해변이 나타난다. 사무실은 더 이상 보이지 않는다. 화면의 여기저기를 이동해도 해변 레이어 안에서만 이동하는 것이다. 해변에서 다시 사무실로 이동하려면 해변 맵에 설치된 사무실 포털이 있는 곳으로 이동해야 한다. 여기까지 이동하면 포털을 통해 사무실로 이동한다.

레이어를 이동하는 포털은 각각의 맵에서 설계된다. 맵에는 오브젝트(책상, 의자, 화분 등), 바닥, 벽 등으로 사무실, 회의실, 휴게실 공간을 구분하여 설계한다.

공간마다 사방에는 벽이 있고 아바타들이 벽을 통과하지 못하도록 블럭킹 기능을 추가한다. 출입문이 있고 그곳을 통해 공간에 들어가거나 나올 수 있다. 이런 개념과 구조를 알아야 효과적인 공간 배치와 구조를 결정하는 맵 설계가 가능하다.

네모 박스 안에 본인의 아바타가 보인다. 키보드의 상하좌우 키를 눌러서 아바타를 이동시킨다. 원하는 위치에서 마우스를 더블클릭하면 아바타가 자동으로 그곳으로 이동한다.

게더타운의 특징은 동일한 공간에 모인 사람들 간에 거리가 멀리 떨어져 있다가 일정 범위(맵을 구성하는 타일 기준으로 세 개) 안으로 가까워지면, 상단에 비디오와 오디오가 활성화하여 얼굴이 보이고 음성도 들린다. 마치 오프라인 사무실에서 자신이 이동하는 도중에 누군가와 가까워지면 얼굴이 보고 이야기를 나누는 것과 같은 방식으로 작동된다. 이야기를 나누고 나서 다른 곳으로 이동하여 그 사람과 거리가 멀어지면, 비디오와 오디오가 자동으로 비활성화한다. 물론 자신의 근처에 다섯 명이 가깝게 모인다면 다섯 명의 비디오와 오디오가 모두 활성화한다.

게더타운을 이용하여 다양한 행사, 연수, 고객지원 등을 하는 국내 기업이 빠르게 늘고 있다. LG화학과 LG디스플레이는 신입사원 연수를 진행했고, 부품·소재 업체 LG이노텍은 채용 설명회를 게더타운 메타버스로 열었다. 400여 명의 취업 준비생과 20여 명의 LG이노텍 인사 담당자가 각자 아바타를 움직이며 마치 실제 공간에서 만나 대화하듯 화상회의 방식으로 면접을 진행했다.

메타버스에 대한 반응은 은행권이 가장 적극적이다. 신한은행, 하나은행, 우리은행, BNK금융, DGB금융 등 주요 시중은행부터 지방 금융지주까지 전부 '네이버Z'가 서비스하는 제페토 플랫폼에서 메타버스를 실현하고 있다. 하나은행은 제페토에 인천 청라연수원 구조와 외형을 그대로 구현한 하나글로벌캠퍼스를 구축하고, 은행장이 직접 아바타 '라울'로 참여해 직원들과 소통했다. 우리은행도 제페토에서 은행장이 아바타 '전광석화'로 참여해 직원들과 만남의 시간을 가졌다.

그런데 KB국민은행은 제페토가 아닌 게더타운에 가상 영업점을 개설하여 고객을 맞고 있다. 게더타운을 선택한 이유는 '화상회의' 서비스를 중심으로 한 편리한 협업 때문이다. 제페토를 비롯한 다른 플랫폼은 화상 기능은 없고 음성 대화를 사용한다. 특히 제페토는 모바일에서만 사용이 가능하여 화면 크기에 제한이 있고, 업무나 협업을 위한 문서 작업이나 아이디에이션 도출이 안 된다. 그래서 생산성을 높이는 데 한계가 있다.

게더타운은 상대방의 얼굴을 보고 실시간으로 대화를 나눌 수 있다는 점이 특징이다. 예를 들어 게더타운은 다른 사람과 대화를 하기 위해 직접 아바타를 이동시켜 그 사람 근처로 가면 자동으로 카메라가 켜지면서 대화할 수 있다. 대화를 마치고 다시 아바타가 다른 곳으로 이동하면 카메라는 자동으로 끊긴다.

이런 기능은 은행 점포 업무에 적용하기에 가장 적합하다. 게더타운 내에 차려진 가상 은행 영업점에서 고객이 창구 직원 앞으로 오면, 고객과 직원은 자동으로 얼굴을 보며 상담하는 기능을 구현할 수 있다. 특정 상품이나 상담에서는 고객과의 대면이 필수인데 오프라인의 은행 영업 방식을 게더타운으로 구현할 수 있다.

게더타운은 사무실을 꾸미고 그 안에 화이트보드를 설치하여 함께 참여한 사람들이 글이나 그림으로 설명하는 것도 실시간 공유할 수 있다. 스크린 앞에 서서 소개 자료나 영상을 공유하며 발표할 수도 있다.

게더타운은 외부의 다양한 온라인 협업 도구들을 연동하여 사용할 수 있다. 온라인 협업 도구인 페들렛(Padlet)을 연동하여 게더타운 화면에 불러와 공유할 수 있다.

게더타운은 별도의 앱을 설치하지 않고 바로 사이트에 접속해 메타버스에 접속할 수 있다는 편의성도 갖추고 있다. 이런 차별성과 이점으로 KB국민은행의 고객들은 게더타운에 접속해 실제 은행에 가서 창구 직원을 만나듯이 화상대화를 하고, 중요한 설명은 문서와 영상으로 눈앞에서 듣는 것처럼 받을 수 있다. 이처럼 은행권에서는 메타버스를 어떻게 활용할 것인지 가늠하고 전략적 활용 방안을 결정하기 위해 다양한 플랫폼으로 실험하고 있다.

KB국민은행은 내부에서 협업이 편리하고 화상회의가 있다는 점에 주목해 게더타운 플랫폼을 선택하고 메타버스를 시행 중이다. 앞으로 다양한 실험을 거쳐 경험과 노하우를 축적하면 직원과 고객을 위한 독자 메타버스 플랫폼을 개발하여 제공할 것이다. 인터넷이 세상에 나왔을 때 홈페이지를 구축하는 붐이 일었던 것처럼, 메타버스 플랫폼 구축 붐이 여기저기서 폭발적으로 일어날 것이다. 교육청과 학교에서도 신규교사 연수를 게더타운에서 진행한다.

부동산 스타트업 '직방'도 메타버스 사무실을 운영한다. 스타트업 업계에서는 코로나19 확산으로 일반 기업보다 빠르게 메타버스에 업무와 모임 공간을 마련하고 있다. 기업 가치 1조 원 이상인 부동산 분야 유니콘 직방은 270여 명이 근무하던 강남 본사를 메타버스로 전환했다. 2021년 2월부터 사무실 출근을 전면 폐지하고 메타버스 원격근무를 시작했다. 롯데건설과 함께 자체 개발한 메타버스 공간인 '메타폴리스'를 사무실로 활용하고 있다.

메타폴리스는 실제 사무실을 본따 디지털 트윈으로 만든 가상 사무공간이다. 30층짜리 건물 1개 동으로 직방 사무실은 건물 4층에 있다. 직원들의 출근 방식은 아바타로 로그인하는 것이다. 이용자들은 각자 키보드 방향키를 조작해 로비를 지나 엘리베이터를 타고 자신이 근무하는 층으로 올라가 실제처럼 책상에 앉아서 근무한다. 다른 직원들과 시선이 닿거나 근접하면 화상으로 자동 연결된다. 메타폴리스를 통한 원격근무 체제가 자리잡으면서 제주도나 외국에서도 근무할 수 있는 환경을 구축했다. 실제로 최근 '제주도 한 달 살이'를 하면서 근무하거나 고향에 내려가는 직원들도 생겼다. 직방의 경영진들은 처음 원격 출근제 도입을 결정하는 것이 쉽지 않았지만, 도입 결과 생산성과 업무 효율성이 올라갔다. 또 메타폴리스로 자율성과 열린 소통을 중시하는 MZ세대의 마음도 잡으면서 회사에 입사하고자 하는 젊은 지원자가 늘고 있다고 한다.

여러 스타트업이 메타버스 비대면 모임에 동참하고 있다. 그 이유는 '공간'과 '업무 생산성' 때문이다. 기존 비대면 업무방식의 장점은 그대로 갖추면서도 공간 몰입감이 훨씬 높기 때문에 업무 생산성도 높아지는 효과가 있다. 여기에 더하여 기존의 비대면 협업 도구와의 연결성과 호환성을 높이면 활용도가 더 커질 수 있다.

03
메타버스 회의와 협업 솔루션,
스페이셜과 글루

　오프라인에서 진행하는 회의나 협업의 장점은 같은 공간에 존재하면서 상대방과 마주하며 소통하고 생각이나 아이디어를 건설적으로 충돌시켜 더 창의적인 결론이나 솔루션을 만드는 것이다.

　하지만 코로나 사태로 원격 비대면이나 재택근무가 의무화하면서 모든 업무와 협업이 온라인으로 진행돼야 했다. 이런 상황에 가장 빠르고 강력하게 부상한 것이 줌(Zoom)이며 MS의 팀즈(Teams)이다. 그런데 이는 화면으로 상대방의 얼굴을 볼 수 있지만 동일한 공간에 함께 존재하며 소통하고 협업하고 있다는 느낌을 주지 못한다. 그로 인하여 몰입감이 낮고 업무 생산성도 비례하여 저하되는 문제가 있다.

　대안으로 등장한 것이 메타버스다. 메타버스의 가장 큰 장점이자 차별성은 참가자를 대표하는 아바타(Avarta)이다. 메타버스의 아바타는 기존에 우리가 아는 아바타와 다르다. 이용자의 의도에 따라 원하는 장소나 지점으로 이동하고 이동 중에 가까워지거나 다른 참가자들의 아바타를 만나면 오프라인에서처럼 인사를 나누거나 대화할 수 있기 때문이다. 메타버스 내의 전체 맵을 보면 현재 누가 들어왔고 어디에 있는지도 알 수 있다. 필요하면 사무실 복도를 지나서 회의실을 끼고 우회전하고 복도 끝에 있는 휴게실로 향할 수 있으며, 그 사람이 있는 곳으로 이동할 수 있다. 실제 사무실에서 행동하는 모습과 같다.

현재 메타버스 사무실을 설정하여 이용하려면 메타버스 오피스 솔루션 업체가 제공하는 사무실 디자인과 레이아웃 중에 선택해야 하는 제약이 있다. 그래서 이용자들이 실제로 사용하던 사무실 구조나 레이아웃과 괴리가 있어 몰입감이 작다. 하지만 최근에 디지털 트윈 방식으로 기존의 오프라인 사무실과 같은 메타버스에 가상 사무실을 개발해 주는 기업이 늘고 있다.

메타버스가 게임이나 엔터테인먼트를 위한 도구로 오인되는 경우가 많다. 왜냐하면 대중에게 잘 알려진 메타버스 기업 네이버 제페토나 로블록스, 포트나이트, 이프랜드 등이 게임 및 엔터테인먼트에 연관된 분야이기 때문이다. 지금까지는 메타버스의 초기 단계라 게임과 엔터테인먼트와 같은 B2C 비즈니스가 주도하겠지만, 점차 기업이나 조직을 대상으로 하는 B2B 비즈니스가 빠르게 발전하고 확산할 것이다.

이제 비대면 업무와 협업 생산성을 높이도록 도와주는 메타버스 비즈니스 솔루션인 스페이셜(Spatial)과 글루(Glue)에 관한 알아보자.

메타버스 3차원 원격 협업 플랫폼, 스페이셜

스페이셜은 AR/VR/홀로렌즈를 활용한 메타버스 원격 협업 플랫폼으로 얼굴을 맞대고 소통하는 행위를 디지털에서도 이어갈 수 있도록 한 3차원 가상공간이다. 이용자 얼굴을 매핑한 아바타가 생성되며, 제2의 업무 환경이 활성화하고, 물리적 공간처럼 이동하거나 움직이면서 소통과 회의가 가능하다.

스페이셜 공동 창업자이자 최고 제품 책임자(CPO)인 이진하는 한국인으로서 메타버스 협업 솔루션 개발을 선도하고 있다. 화이트보드에 메모하고, 시청각 자료나 작업창을 띄워 함께 소통할 수 있는 아바타 기반의 이용자 경험을 제공한다. 오프라인에서 만드는 집단 지성을 메타버스 플랫폼인 스페이셜에서 서비스하는 유저 인터페이스로 가상공간에서도 그대로 구현할 수 있다.

스페이셜에는 다양한 최신 기술이 접목되어 고도화한 협업 도구 플랫폼이다. 마치 SF영화 〈마이너리티 리포트〉의 주인공이 화면에서 보여준 작업 방식이다.

스크린 속 정보를 물리적으로 다루고, 몰입감 있는 경험을 만들고, 창의적 결과물을 얻을 수 있는 아이디어로 시작된 스페이스탑은 키보드가 놓이는 공간에 직접 손을 넣어 작업할 수 있게 바꾼 컴퓨터다. 손가락과 얼굴을 감지하는 카메라 센서와 투명 디스플레이를 합쳐 구현했다. 마우스나 키보드 없이 맨손으로 그래픽 제어가 가능하다. 건축가는 3D 모델을 잡아당기거나 회전시키며 작업할 수 있다.

2018년 말에 증강현실 기술을 이용한 리모트워크 협업 프로그램

스페이셜을 개발하게 된 배경은 다음과 같다.

어느 날 채용하려던 디자이너가 실리콘 밸리에 거주해 뉴욕으로 합류하기 어렵게 되었다. 증강현실로 실험하던 중 우연히 서로의 회의실 벽을 가상으로 일치시키고 각자를 대신하는 단순한 아바타를 만들어 대화하게 되었는데, 그때 물리적 거리감이 확 줄어든 느낌을 받았다. 이 경험이 스페이셜 개발의 초기 아이디어다. 다른 지역에 있는 직원들이 한 자리에 모여 회의나 협업을 하는 경우, 이동에 따른 출장비로 많은 비용을 지출한다. 하지만 스페이셜 같은 원격 협업 프로그램이 있다면, 비용과 이동에 드는 시간도 줄일 수 있다. 여기에 AR 기술을 적용해 몰입감을 높인다.

지금처럼 문자나 영상, 음성으로만 주고받는 협업에는 소통의 한계가 있다. 줌처럼 영상통화로 서로 얼굴을 보고 화면 공유를 할 수 있지만, 얼마만큼 집중하고 있는지 확인하기 어렵다. 특히 대화를 주도하는 리더에 따라 계획한 방향으로만 흘러갈 수 있고, 일정 시간 이상 몰입하기 어려운 단점도 있다. 같은 공간에서 함께 눈을 마주치며 표정을 확인하고 바디랭귀지를 더하면 훨씬 효과적인 협업과 리모트워크가 가능해진다.

글로벌 기업들은 출장으로 매년 엄청난 비용을 지출하며, 이는 탄소 배출량에도 영향을 미친다. 한편 공간에서 자유로워진다면 국적이나 피부색에 무관하게 공평한 기회를 얻을 수 있다.

스페이셜의 메인은 온라인 가상 협업 솔루션 서비스인데, 향후 디지털 트윈 기술을 적용한 메타버스 오피스 플랫폼으로 확장할 계획을 갖고 있다. 게더타운이나 어라이크가 강력한 경쟁자가 될 것이다.

스페이셜은 웹에서 가입하여 사용할 수 있다. VR용 HMD가 없이 모니터 화면에서 사용이 가능하다. 구글, 애플, MS 계정이 있으면 연동하여 로그인하면 된다.

스페이셜이 제공하는 몇 가지 기능은 다음과 같다.

①브레인스토밍　　　　②프레젠테이션

③클라우드 작업　　　　④협업용 화이트보드

⑤팀 플래닝　　　　　　⑥제품 리뷰

⑦헤드셋 없이 참가하는 회의

위 여섯 가지는 모두 헤드셋(HMD)을 착용해야 하지만, 헤드셋이 없이 PC용 카메라만으로 참여가 가능하다.

스페이셜은 모바일 앱도 제공하여 이동 중에도 협업에 참여할 수 있다. 이용자들의 접근성과 편리성을 높이기 위해서나.

모바일로 작업을 하기는 어렵지만 PC를 사용할 여건이 아닌 곳에서도 모바일에 공유된 화면을 통해 아이디어와 의견을 주고받으며 원격 화상회의에 참여할 수 있다.

닐 스티븐슨의 SF소설《스노우 크래시》(Snow Crash)에 처음 등장한 메타버스는 HMD를 쓰고 가상세계에 접속해 현실과 다른 삶을 묘사했다. 영화 〈매트릭스〉에서는 가상세계로 진입하려면 뒤통수에 설치된 접속단자에 전자 케이블을 연결한다.

지금까지 HMD를 사용하는 상당수의 서비스가 게임이기 때문에 메타버스는 곧 게임으로 인식됐다. 하지만 VR을 사용하지 않는 메타버스 게임 서비스인 포트나이트, 로블록스 등도 인기를 얻고 있다. '세컨드 라이프'처럼 소셜과 업무를 결합한 서비스도 있다.

이러한 상황에서 스페이셜은 가상 협업 툴로 등장한 서비스이다. 초창기에는 AR로 서비스를 시작했고, 현재는 오큘러스 퀘스트2로 발전했다. 스페이셜은 아바타를 만들어 아바타들끼리 만나 협업하고 개인 작업을 하거나 컨퍼런스나 회의 등을 하도록 설계된 서비스다. 페이스북 코리아는 스페이셜에서 기자 간담회를 열었는데, 실제처럼 대회의장에서 자유롭게 음성으로 대화하며 질문하기도 했다.

스페이셜의 유일한 단점은 VR이나 AR 기기가 없는 이용자가 제대로 사용할 수 없다는 것이었다. 지금은 모바일 앱을 서비스하고 있어 화면 공유와 3D 모델 생성 등을 PC로도 충분히 할 수 있다

스페이셜에서 웹이나 앱, VR 버전 사용료는 기본적으로 무료다. 서비스가 무료로 개방되자 아무도 예상하지 못한 방법으로 이용자가 늘기 시작했다. 무료 오픈 후 업무 협업 외에도 교육, 놀이, 가상 예술품 전시 같은 다양한 방법으로 사용하기 시작했다. 창작자가 만든 디지털 예술품이나 건축공간 같은 3D 콘텐츠를 함께 경험하기도 한다.

3차원 협업 도구, 글루(Glue)

글루는 원격 회의가 대면 회의만큼 훌륭해야 하는 팀을 위한 최신 협업 플랫폼이다. 원격으로 팀을 모아 학습, 공유, 계획 및 작업을 수행한다. 최고의 몰입형 3D 그래픽의 가상현실 및 클라우드 컴퓨팅 기술을 결합한 것으로 협업을 극대화할 수 있도록 지원한다.

몰입형 가상공간에서는 마치 직접 만나는 것처럼 함께 모여서 일할 수 있다. 실제 사람 같은 3D 아바타는 이용자의 움직임과 제스처를 반영하여 음성과 비언어적 의사소통을 제공한다. 공간 오디오를 사용하면 주변 사람이 어디에 있는지 알 수 있다.

핀란드에 소재한 글루는 2004년 애니메이션 부문에서 여러 상을 수상한 VR 및 게임 스튜디오로 시작했다. 2016년에 글루는 공식 서비스를 시작했다. 다중 이용자 VR 소프트웨어의 새로운 지평을 연 글루는 오늘날 완전한 기능을 갖춘 가상 협업 플랫폼으로 개발했다. 글루는 미국의 스페이셜과 쌍벽을 이루는 3차원 가상세계 협업 솔루션이다.

04
가상 과학실험실
랩스터

　과학실험은 실험실에서 각종 실험도구와 시약을 가지고 직접 해야 한다. 그런데 직접 실험을 하기 어려운 환경이라면 책을 보고 이해하는 것에 만족해야 한다. 실험용 기자재를 구비하거나 실험을 진행하는 비용도 만만치 않기 때문이다. 그로 인하여 학습 효과가 떨어지는 건 당연하다. 아래 사진은 다양한 실험용 장비가 가득한 과학 실험실처럼 보인다. 그런데 현실의 실험실이 아니고 가상 실험실이다.

　VR이 게임에만 적용되는 건 아니다. 과학실험도 가상세계에서 할 수 있다. 이럴 경우 비용 부담을 없애는 것 외에도 화학약품을 다뤄 발생할 사고도 예방할 수 있다. 어린 학생들도 안심하고 다양한 실험을 경험하면서 학습 효과를 높일 수 있다. 3차원 형상을 입체로 구현하고 확인하는 바이오나 생물학 실험은 현실에서 제약이 많지만 가상세계에서는 모든 것이 가능하다.

'MIT의 연구실을 모두의 컴퓨터 속으로'라는 슬로건을 내건 덴마크 가상 실험 플랫폼 '랩스터(Labster)'가 한국어 버전의 실험 시뮬레이션을 개발하여 제공 중이다. 랩스터는 2012년 덴마크에서 설립된 에듀테크 기업이다. 위험하고 비용이 많이 드는 과학실험을 가상으로 체험할 수 있게 하는 가상 과학실험을 지원한다.

랩스터의 가상 실험은 현실의 과학 실험실을 보조한다.

웹과 VR 두 가지 플랫폼에서 생물·화학·물리·의학·지구과학·기계·엔지니어링 등 과학 분야의 120여 가지 실험을 제공한다. 랩스터 플랫폼에서는 5,000여 개의 실험 도구를 이용할 수 있다. 전 세계 어떤 실험실도 이 정도로 많은 실험 자재를 갖고 있는 곳은 없다. 가상 세계에서 진행되므로 단순히 도구를 사용할 뿐 아니라 기계 속으로 들어가서 어떻게 작동하는지까지 알 수 있어 학습 효과가 뛰어나다. 현재 MIT, 스탠포드, 하버드 등 전 세계 400여 개 교육기관에서 랩스터의 실험 플랫폼을 사용하고 있다.

〈네이처〉에 따르면 랩스터의 가상 실험을 이용했을 때 학습 효과가 76% 발휘되는 것으로 나타났다. 기존 교육과정만 거쳤을 때는 학습 효과가 50%였다. 기존 교육과 랩스터를 함께 사용하면 효과가 더 늘어난다고 한다. 덴마크는 이러한 효과를 바탕으로 중학교 8학년부터 고등학교까지 랩스터 플랫폼을 이용하고 있다. 아시아에서는 싱가포르와 홍콩, 일본, 한국에서 서비스 중이다. 95%의 학생이 서비스가 아주 좋다고 하고, 90% 이상의 교사가 만족하고 있다는 설문 결과도 나왔다. 학생들은 이해도를 높일 수 있고, 교사들은 가르치는 데 유용한 교육 매체로 활용할 수 있다.

랩스터는 여러 명의 실험자가 한 플랫폼에서 파트너가 되어 서로 협력할 수 있는 시스템도 개발하여 제공할 계획이다. 이는 메타버스처럼 실험에 참가하는 이용자들이 자신을 대신하는 아바타로 협업 실험을 진행할 것이다. 랩스터를 통해 과학실험을 VR 게임처럼 즐겁게 배울 수 있다.

05
디저털 트윈 구축 솔루션,
네이버랩스 어라이크

　국내에서 메타버스 선두 자리를 지키고 있는 네이버는 증강현실
(AR) 아바타 서비스 '제페토'를 서비스 중이다. 제페토는 B2C 중심
으로 2억 명의 개인 이용자가 주요 회원이다. 제페토는 AR과 VR이
융합된 디지털 세계로, 이용자를 대신하는 아바타가 기존의 AR이나
VR과 차별된다.

　메타버스를 구성하는 요소로 거울세계가 있다. 이는 현실 세계를
그대로 복제하여 만든 가상세계다. 20년 전부터 시작된 디지털 트윈
도 현실 세계를 가상세계로 복제한다. 거울세계와 다른 점은 가상세
계가 현실 세계에서 발생하는 빅데이터를 실시간으로 연동한 뒤 시
뮬레이션하고 얻은 데이터와 인사이트를 현실 세계에 적용하여 효
과적으로 운영하고 관리하는 기능이다. 디지털 트윈이란 실제 세상
을 디지털 환경에 복제하는 기술이다. 즉 메타버스 공간에 똑같이 세

워진 공장에서 신제품을 설계하고 제조 공정을 확인하는 등 생산 효율성을 높이는 형태나.

두 가지 모두 현실 세계를 가상세계로 복제하는 기술인데, 여기에는 지도, 건물, 도로, 교량 등 모든 것이 포함된다. 스마트시티나 유비쿼터스 세상을 만드는 엔지니어링 분야에 디지털 트윈 기술이 적용된다.

네이버가 디지털 트윈 솔루션으로 개발한 '어라이크(ALIKE)'는 엔지니어링 분야가 아닌 메타버스 비즈니스를 위해 개발한 새로운 비즈니스 모델이다. 네이버랩스의 자체 기술로 출시된 어라이크는 현실 세계의 모습을 가상세계에 거울처럼 복제하는 기술로 메타버스 생태계를 고도화한다. 네이버는 현실 세계의 도로와 지도를 디지털 맵으로 개발하는 서비스를 제공해 왔다. 여기에 3차원 로드뷰까지 포함된다.

대규모 도시 단위의 디지털 트윈 데이터를 빠르고 효율적으로 제작하는 기술은 고객 가치를 높이는 차별화한 기술인데, 네이버가 어라이크 솔루션으로 만들어 공개한 것이다. 어라이크 솔루션의 핵심은 항공사진과 인공지능(AI)을 활용해 도시 3D 모델, 로드 레이아웃, HD맵(고정밀 지도) 등의 핵심 데이터를 동시에 제작 및 개발할 수 있다는 것이다. 네이버 자회사인 네이버랩스는 자체 기술력을 기반으로 서울시와 함께 서울시 전역 $605km^2$ 면적에 해당하는 3D 모델과 서울시 $2,092km$의 규모 로드 레이아웃을 자체 제작하기도 했다. 곧이어 강남 지역 $61km$에 대한 HD맵도 서울시와 함께 구축해 공개한다고 한다. 거대한 도시를 대상으로 하는 디지털 트윈을 개발하려면 항공 사진과 MMS(Mobile Mapping System) 데이터를 함께 사용하는 하이브리드 HD매핑, 정밀 측위 기술, 데이터 처리에 이르는 다양한 분야의 AI 기술력이 필요한데, 네이버는 오래 전부터 이것을 준비했다.

어라이크 디지털 트윈 솔루션은 도시 3D모델, 로드 레이아웃, HD맵 등 세 가지 맵을 가상세계에 구축하는 기술을 제공한다.

비영리 기술 연구단체인 ASF(Acceleration Studies Foundation)는 2007년에 '메타버스 로드맵'을 발표했다. ASF는 메타버스를 '증강현실(AR)', '라이프로깅(Lifelogging)', '거울세계(Mirror Worlds)', '가상세계(Virtual Worlds)'로 구분했는데, 디지털 트윈은 거울세계에 해당한다.

디지털 트윈은 20년 전부터 제조 기반의 엔지니어링 기업을 중심으로 적용되고 있었다. 유지보수와 운영 및 관리를 위한 수단으로 화학, 자동차, 조선, 에너지, 건축, 복합도시처럼 매우 광범위한 영역에서 적용되고 발전되어 왔다.

과학기술정보통신부에서 발표한 자료에 따르면, 가상 융합기술인 메타버스가 적용된 대형 프로젝트는 제조, 건설, 유통, 레저, 생활 등이다.

정부는 가상세계에 '버추얼 조선소'를 세운 뒤 가상 환경에서 선박 설계 및 품질을 시험하고 검증하는 방안을 추진 중이다. 두산중공업은 마이크로소프트(MS)의 클라우드인 애저를 기반으로 개발한 디지털 트윈 솔루션을 벤틀리시스템즈와 공동으로 풍력 부문에 적용 중이다. 이 프로젝트는 신재생에너지 기술을 개발하고 기존 설비 유지

보수 비용을 절감할 수 있는 차세대 풍력발전 체계를 구축하는 것이다. 독일 자동차회사 BMW 그룹도 인공지능 컴퓨팅 기술업체인 엔비디아가 만든 '옴니버스' 플랫폼으로 가상 공장을 만들고 있다. 이처럼 글로벌 기업들은 앞을 다투며 메타버스와 디지털 트윈을 적극 도입하고 있다. 국내 기업들도 늦지 않게 메타버스와 디지털 트윈에 대해 연구하고 진출해야 한다.

06
제페토의 대항마,
SK텔레콤 이프랜드

국내 메타버스의 최강자는 제페토를 개발한 네이버다. 네이버는 디지털 트윈 솔루션도 출시했다. 네이버와 함께 대한민국 메타버스의 쌍두마차로 불리는 SK텔레콤이 있다. 제페토의 성공을 지켜보던 SK텔레콤은 메타버스 사용 편의성을 높이고, 다양한 가상공간과 아바타로 이용자의 메타버스 경험을 극대화할 메타버스 플랫폼 '이프랜드(ifland)'를 제페토의 대항마로 출시했다.

IT 강국으로서 새로운 기술에 대한 거부감 없이 새로운 플랫폼이 나오면 적극적으로 사용하는 대한민국의 국민성이 합쳐진 결과라 해도 과언이 아니다. 제3과 제4의 메타버스 플랫폼을 출시하는 기업이 빠르게 늘어나면 K-팝처럼 K-메타버스 시대가 열릴 수도 있다.

SKT는 실제 모임처럼 현장감을 주는 가상 콘퍼런스 모임 공간을 메타버스 플랫폼인 점프 버추얼 밋업을 운영하고 있다.

메타버스 시장을 선점하려는 경쟁자 입장에서 네이버 제페토의 성공에 자극을 받고 위기의식을 느낀 SKT는, 세페토와 같은 개념의 서비스인 이프랜드를 출시했다.

이프랜드는 안드로이드 OS 기반으로 먼저 출시됐고, 추후 단계적으로 iOS 및 VR 디바이스 오큘러스 퀘스트 OS 등으로 서비스 범위를 넓혀갈 계획이라고 한다. 테마 18개, 아바타 소스 800여 개를 제공하며 5G 시대를 대표하는 메타버스 플랫폼을 목표로 하고 있다.

아바타가 움직이는 모양이 끊김없이 자연스럽고 예쁘다. 여자와 아이들이 좋아할 만하다. 카톡, 페이스북, 인스타그램과 전혀 다른 인상적인 느낌이다. 자신을 대표하는 아바타를 직접 조종하면서 참여하는 메타버스 방식이기에 몰입도가 높고 재미도 있어 성인들도 관심을 가질 만하다. 이프랜드가 후발 주자인 만큼 제페토와 다른 UI와 고객 경험으로 차별화를 시도하고 있다.

이프랜드는 메타버스가 가진 초현실 이미지를 직관적이고 감성적으로 표현하여 '누구든 되고 싶고, 하고 싶고, 만나고 싶고, 가고 싶은 수많은 가능성(if)이 현실이 되는 공간(land)'이라는 의미다. SK텔레콤은 이프랜드를 출시하기 전에 오랫동안 '소셜VR'과 '버추얼 밋업' 서비스를 운영하며 축적한 기술과 경험, 고객 반응을 바탕으로 이용 편의성을 높이고 MZ세대들의 요구를 고려한 서비스와 콘텐츠를 강화한 이프랜드를 5G 시대 대표 메타버스 플랫폼으로 키우려는 전략을 갖고 있다.

이프랜드의 가장 큰 특징은 누구나 쉽고 간편하게 모바일 앱에서 메타버스 세상을 즐길 수 있도록 프로세스 간소화와 사용성에 중점을 두었다는 것이다.

이프랜드 앱을 실행하면, 화면 상단에 본인의 아바타와 프로필이 등장해 현재 자신의 상태를 확인할 수 있다. 하단에는 현재 개설된 메타버스 룸들이 리스트업된다. 개설된 룸들을 이용자의 관심 영역별로 검색하는 것도 가능하다. 개설 예정인 룸에 사전 관심 등록을 하면 시작 10분 전에 참여 알람을 수신할 수 있다. 내가 팔로우하는 친구가 이프랜드에 접속하면 알려주는 등 다양한 편의 기능을 제공한다.

이프랜드에는 재미있는 이벤트가 있는데, 여름 휴가 기간 매일 밤 10시부터 심야 상영회를 연다. 참여를 원하면 참여 버튼만 누르면 된다.

이프랜드는 이용자들이 주최하는 이벤트에 대한 정보를 공지한다. 아래 사진은 필자의 이프랜드 계정에 나타난 이벤트이다. 원하는 이벤트를 클릭하여 참가하면 된다.

이프랜드는 MZ세대의 요구를 고려한 다양한 콘텐츠와 한층 강화된 소셜 기능으로 본격적인 메타버스 라이프를 지원한다. 소규모 친밀 모임은 물론 대규모 행사 등 고객들이 이프랜드를 통해 재미있고 유익한 메타버스 생활을 누리도록 서비스를 더욱 고도화할 것이다.

07
암스테르담 운하에 적용한
디지털 트윈

네델란드에는 'MX3D'이라는 기업이 있다. 3차원 엔지니어링 기술을 개발하고 실생활에 적용하는 사업을 하는 곳이다. 얼마 전 운하 도시인 암스테르담의 한 지역에 3D프린터로 만든 강철 다리를 설치했다. 길이 12미터, 폭 6.3미터 크기로 시민들이 보행하는 작은 다리다. 이런 프로젝트를 기획한 이유는 암스테르담에 작은 운하들이 거미줄처럼 연결되어 있기 때문이다. 운하 반대편에서 이쪽으로 이동하려면 다리가 설치된 곳까지 이동해야 한다. 여간 번거로운 게 아니다. 새로운 다리를 설치하려면 기존의 건설 방식을 써야 하기에 토목 공사를 크게 해야 하고 상당한 시간과 비용을 써야 한다. 물론 건설 기간에 시민들은 불편을 감수해야 한다.

이런 문제 때문에 MX3D라는 하이테크 기업은 솔루션을 찾기 시작했다. 기존의 교량 건설은 콘크리트와 강철 빔을 혼합하는 방식이므로 시간과 비용과 일정 영역에 사람들의 접근을 막는 방어막 설치 등 고려해야 할 문제가 많았다. 이 회사가 해결책에 대한 아이디어를 기획하면서 정한 목표는 다음과 같았다.

①시민들에게 불편을 주는 현장에서 직접 건설하는 방식이 아니라 다른 곳에서 모듈로 만들고 이동하여 즉시 설치하는 방식

②다리 디자인이 주변 환경과 잘 어울리도록 현대식으로 설계

③최적의 다리 설계를 위해 보행자들이 다리를 이용할 때 생성되는 빅데이터를 수집하고 분석하고 반영하여 다른 다리 건설에 활용

이 프로젝트를 시작하면서 다리의 초기 콘셉트 디자인을 증강현실로 구현했다.

다리의 설계도를 완성한 후에 약 4.5톤의 스테인리스강과 4개의 용접 로봇팔을 이용하여 6개월에 걸쳐 3D프린팅 다리를 만들었다. 다리에 많은 센서가 설치되어 사람들이 다리를 건너면 다리의 내구성과 수명 변화에 대한 다양한 데이터가 실시간으로 쌓이고, 이는 클라우드에 수집된다. 수집한 데이터는 실제 다리를 컴퓨터 모델링으로 만든 디지털 트윈과 연동되어 다리의 성능을 평가하고 분석하여 최적의 조건을 찾는 데 사용된다. 이런 조건은 향후 암스테르담 운하 지역 전체에 진행될 '3D프린팅 건설 프로젝트'에 필요한 정보로 사용된다. 2018년에 시작된 프로젝트는 네델란드 디자인 위크 전시회에서 처음으로 공개됐다.

문제해결을 위한 초기의 아이디어가 AR과 VR, 디지털 트윈 등을 융합하여 이렇게 발전하고 현실 세계에 적용되는지 살펴보자.

①문제해결을 위한 초기 아이디어를 시각화한다.

②컴퓨터 모델링으로 가상세계를 만든다.

③다양한 조건을 적용하여 구조해석 기술로 시뮬레이션한다.

④현실 세계에 적용할 수 있는 콘셉트 디자인을 설계한다.

⑤현실 세계에 적용할 수 있는 증강현실 디자인을 설계한다.

⑥3D프린터와 로봇으로 조립한다.

⑦최종 제품을 만든다.

⑧설치할 현장으로 이송한다.

⑨현장에 설치한다.

AR, VR, 디지털 트윈, 3D프린팅, 로봇 등을 융합한 새로운 기술을 개발하여 현실 세계의 사람들에게 편리함을 제공하는 매우 성공적인 사례다. 이것을 소개하는 유튜브 영상을 참고하면 도움이 된다.(https://www.youtube.com/watch?v=K9npLuRIlFg)

대우해양조선이 거제도 조선소를 디지털 트윈으로 구현하다

국내 기업 가운데에도 디지털 트윈을 비즈니스 분야에 활용하는 사례가 나타나고 있다. 2021년 5월 대우조선해양은 거제도 조선소를 3D 디지털로 구현했다. 3차원 게임 개발에 주로 사용했던 게임 엔진을 산업 분야에 적용한 것이다. 3차원 게임엔진 개발사인 유니티는 대우조선해양과 협약을 맺고 거제도 조선소를 디지털 트윈으로 만들었다.

현실 세계에서 조선소를 운영하다 보면 관리상 비효율 등 다양한 문제가 발생하는데, 이것을 미리 감지하고 방지하는 건 거의 불가능하다. 문제가 발생하면 사후 처리하는 게 지금까지의 관행이었다. 그런데 디지털 트윈 기술을 적용하면 직원들이 가상현실 속에서 실시간으로 오류 지점을 파악할 수 있다. 시뮬레이션을 돌리며 문제점이나 효율적인 조선소 운영 방식을 찾을 수 있다. 이렇게 얻은 정보와 데이터를 다시 현실의 조선소에 적용하여 효율성을 높이고 사고를 예방하게 된다. 조선소의 운영과 관리 감독을 위해 담당자들은 본사에서 지방으로 출장을 자주 가야 하는데, 디지털 트윈을 활용하면 굳이 출장가지 않고도 본사에서 실시간 온라인으로 모니터링과 콘트롤이 가능하다. 엄청난 시간과 비용을 절약할 수 있다.

자동차 업계도 게임 엔진을 개발 업무에 활용하고 있다. 현대차, 포르셰, BMW 등 완성차 기업이 가상현실에서 차량을 조립하고 자율 주행 시뮬레이션을 실행하고 있다. BMW는 총 쏘기 게임 '포트나이트'를 개발한 에픽게임즈의 게임 엔진 '언리얼'을 개발 차량의 테스트에 활용한다. 게임 엔진에서 도로의 굴곡이나 날씨 같은 변수를 자세하게 설정하고, 가상으로 차량을 운행해 도로별·계절별 차량의 주행 기능 변화를 정확하게 포착하여 자동차 개발에 활용한다.

이처럼 급증하는 산업 분야의 시장에서 게임 강자인 한국 기업의 진출은 찾기 어렵다. 현재 국내 게임사 중에 자체 개발 게임 엔진을 활용해 게임을 만드는 회사는 펄어비스 하나다. 펄어비스도 게임 엔진을 게임 개빌에만 활용할 뿐, 산입 분야로 확대하지 못하고 있다. 게임 엔진 시장은 미국 기업이 독점하고 있고, 개발에 쓰이는 툴을 바꾸면 개발자들이 적응하는 데 시간이 오래 걸려 자체 엔진 개발에 나서는 게임사가 드물다. 현재 국내에는 게임 엔진 개발 관련 인력도 드물다. 국내 기업도 디지털 트윈을 만들 때 사용하는 3차원 게임 엔진 개발에 더욱 많은 투자를 해야 할 것이다.

08
현실에서 즐기는
가상 스포츠

운동복과 운동화를 신은 사람들이 이리저리 뛰고 피하고 구른다. 숨이 차고 힘이 들지만 즐거운 표정이다. 신나서 소리도 지른다. 그런데 이들이 있는 장소는 장애물과 구조물이 실제로 설치된 서바이벌 현장이 아니라 텅 빈 공간이다. 이 모습을 본 제3자는 이들을 미친 사람으로 취급할 수 있다.

이들은 머리에 HMD(Head Mounted Display)라 부르는 고글을 쓰고, 양손에 조이스틱 같은 기구를 움켜쥐고 움직인다. 고전 게임과 VR기술을 결합한 '혼합현실 스포츠 플랫폼'이다.

현실 세계의 경기장과 디지털 세계를 융합한 기술로 캐나다의 '아카디아.tv'가 자체 개발한 추적 기술을 적용한 스포츠 게임이다. 이것을 즐기려면 축구장이나 농구장처럼 넓은 공간과 오큘러스 퀘스트라는 무선 VR 장치를 사용하면 된다. 함께 플레이하는 사람들은

VR로 상대방의 움직임을 보면서 경기를 할 수 있다. 게임에 참가하지 않는 사람들도 게이머들의 경기를 영상으로 함께 보면서 응원하고 즐길 수 있다.

농구 게임을 할 경우 선수들은 뛰고 점프하고 피하고 태클을 걸고 방어할 수 있다. 책상에 앉아서 손으로 조이스틱만 움직이는 게 아니다. 그것에는 운동 효과가 전혀 없다. 그래서 게임 폐인이 양산된다. 하지만 이 게임은 손과 다리 등 몸을 움직인다. 몸의 움직임과 동작은 손에 들고 있는 조이스틱과 머리에 쓴 고글이 모니터링하고 프로그램과 실시간으로 연동한다.

이 게임을 세계로 확산하기 위한 방법으로 '아카디아 트라이얼'을 계획 중인데, 6개 대도시를 투어하면서 온라인으로 방송하여 관중을 모으고 수익도 만든다.

— 4부 —

·

Gain

·

메타버스에서
수익 만들기

01
제페토에서
수익 만들기

　게임은 이용자 참여 기반의 메타버스 생태계를 창조하겠다는 제페토의 방향성과도 맞는다. 네이버제트는 제페토에 대해 '이용자와 함께 만드는 세상'이라는 개념을 강조해 왔다. 이에 이용자가 제페토 맵과 아이템을 만들고 수익을 낼 수 있도록 2020년 4월 '제페토 스튜디오'를 출시했다. 제페토에서 판매되는 아이템 가운데 80% 이상이 이용자가 제페토 스튜디오를 활용해 직접 만든 것이다. 제페토 스튜디오 이용자는 벌써 70만 명을 넘어섰고, 제출된 아이템 수는 200만 개에 달한다. 이용자가 제작한 아이템도 2,500만 개 이상 팔렸다. 제페토 내 가상화폐인 '코인'과 '젬'으로 거래가 이뤄지면서 수익을 올리는 이용자가 늘어나고 있다.

　제페토 스튜디오 계정을 만들고 인증을 거치면 '아이템 만들기' 화면이 나타난다. 아이템 만들기 아이콘을 클릭하면 12가지 종류의 아이템 중에 하나를 선택하여 자신이 만든 아이템을 업로드할 수 있다. 업로드는 무료. 확장자가 '.zepeto'인 파일만 업로드할 수 있는데, 3D툴에서 작업한 파일을 '.zepeto'로 변환하면 된다. 최대 파일 크기는 100MB이고 최적의 도달을 위해 파일 크기를 가능한 한 작게 하는 게 좋다.

2D나 3D 캐릭터나 아이템을 디자인하는 취미나 직업을 가진 사람이라면, 지금 뜨고 있는 메타버스 제페토에서 수익화도 고려해볼 만하다.

제페토 아이템을 개발하여 판매하면 어느 정도 수익이 날까? 이것에 대한 정확한 정보를 확인하기 위해 제페토 아이템을 개발하여 판매를 시작한 사람들의 자료와 경험을 분석했다. 혹시라도 캐릭터나 아이템 디자인을 통해 수익화를 생각하고 있는 독자라면 참고하면 좋다.

크레딧샵에서 아이템을 구매할 수 있다. 제페토는 Zem과 Coin 두 가지 화폐를 운영하고 있다. 젬과 코인은 현금으로 충전하거나 미션을 완료하면 무료로 얻을 수도 있다. 젬은 코인으로는 구매할 수 없는 특별한 아이템을 구매할 수 있어 코인보다 가치가 높다. 하지만 제페토를 제대로 즐기려면 코인도 필요하다.

캐릭터 디자인은 2D나 3D 모두 가능하다. 하지만 아이템을 구매하는 이용자들은 3D를 선호한다. 개발이 완료된 아이템은 제페토 스튜디오에 업로드하여 심사를 받아야 한다. 심사에 통과하면 공개 판매를 할 수 있지만, 거부되는 경우도 있다. 거부되는 이유는 다양한 데, 아이템의 수준이나 품질이 너무 떨어지거나 아이템에 개발자에 대한 광고성 콘텐츠가 있는 경우다. 업로드하고 기다리면 심사 결과를 개발자에게 알려준다. 심사에 통과된 아이템은 판매할 수 있고, 판매되는 만큼 수익금을 나눈다.

제페토 스튜디오에서는 젬(Zem)이라는 화폐 단위를 사용한다. 수익 금액이 5,000젬 이상이 되면 현금으로 지급한다. 아이템 판매 수익금 잔고가 5,000젬 이상이면 출근 버튼이 활성화한다.

아이템 판매가 활성화하려면 꾸준히 아이템을 업로드하는 게 중요하다. 띄엄띄엄 업로드하면 수익화에 악영향을 준다. 신규 승인이 없으면 판매가 급감한다. 블로그에 글을 올리는 경우, 매일 지속하는 사람과 그렇지 않은 사람이 노출도에서 차이가 나는 것과 같다.

심사 가능 아이템은 한 번에 최대 10개로 제한된다. 심사 결과를 받는 데는 약 2주일이 걸린다. 따라서 월 20개 승인이 가능하고 1년이면 240개를 등록할 수 있으며, 이것이 판매 가능 아이템이 된다. 아이템 한 개당 가격은 모두 다른데, 평균 5젬으로 가정하면 1,000개 아이템이 판매되어야 출금 가능 금액인 5,000젬이 된다.

제페토 스튜디오에서 아이템 개발 및 판매를 시작하자마자 대박을 터뜨리는 경우는 불가능하다. 꾸준히 오랫동안 아이템을 개발하고 업로드하면 어느 순간 판매가 폭발하는 티핑포인트가 올 것이다.

지금도 많은 디자이너들이 제페토 크리에이터로 활동 중인데, 시작 초기에는 월수입이 만원에서 십만원이었지만 몇 년이 지난 현재 1,500만원의 월수입을 올리는 유명 디자이너도 있다. 이처럼 새로운 직업이 생기고 프리랜서로 자신의 사업을 갖고 있는 사람들이 메타버스의 확장과 함께 빠르게 증가하고 있다.

제페토에는 2억 명 이상의 이용자가 있고, 그 수는 지금도 증가 중이다. 그 중에는 자신의 아바타를 멋지게 꾸미고 치장하여 자랑하고 싶은 구매력 높은 미성년 소비자가 많다. 캐릭터나 아이템 디자인에 관심이 있어서 취미든 사업이든 그들을 대상으로 아이템 개발 및 판매를 시작하는 것도 고려해볼 만하다.

제페토, 빌드잇으로 나만의 공간을 창조하다

제페토는 플랫폼에서 제공하는 공간을 사용하도록 하는 것으로 끝나지 않는다. 메타버스의 특성 중 하나인 생산 시스템을 이용자들에게 제공한다. 내 아바타와 함께 나만의 공간을 만들 수 있다. 제페토에는 아바타나 캐릭터가 들어가는 다양한 공간이 있다. 이것을 맵(Map) 또는 월드라 부른다. 이런 공간을 만들 수 있는 프로그램이 '제페토 빌드잇'이다. 모바일에서는 사용할 수 없는데, PC로 다운로드하면 사용할 수 있다. 나만의 집, 공간, 장소 등을 만든다.

제페토 스튜디오(studio.zepeto.me)의 메인 페이지에서 윈도용이나 맥용 '빌드잇' 프로그램을 다운로드하여 설치한다. 설치가 완료되면 로그인 화면이 나오고 이메일이나 소셜 로그인을 선택한다. 로그인이 되면 빌드잇 초기 화면이 나타난다. 빌드잇이 기본으로 제공하는 일곱 가지 옵션이 있는데, 그 중에 '타운'을 선택해 보자. '제페토 빌드잇'에 대한 소개 영상을 유튜브에서 확인하면 도움이 된다.

빌드잇은 이용자들에게 세 가지 가치를 제공한다.

①Create it.

②Customize it.

③Play it.

제페토에 가면 이용자들이 만든 기상천외하고 멋진 빌드잇 자료들이 있으니 참고하여 나만의 공간을 만들어 보자. 코딩을 몰라도 직관적으로 작업이 가능하다. 3차원 공간으로 만드는 작업이라 재미있고 자신만의 독특한 상상력을 발휘할 수 있다.

멋진 아이템을 만들었다면 제페토로 공유할 수 있는 제도가 있다. 제페토 스튜디오 심사 가이드를 통과하면 아이템을 업로드하고 입점하여 제페토를 통해 서비스할 수 있다. 심사 기준은 영상에 포함된 텍스트나 이미지가 제페토에서 제시하는 규정을 위반하지 않는 것이어야 한다. 또 아이템이 이용자들에게 서비스되기 전에 아이템이 제페토 이용약관 및 제페토 스튜디오 이용약관, 제페토 스튜디오 심사 가이드라인을 준수하는지 검토하여 통과 여부를 결정한다. 검토가 완료된 아이템은 이용자가 사용할 수 있는 상태로 공개된다. 내 아이템이 적절한 이용자층에 도달되기 위해 업로드 과정에서 적절한 태그를 추가하여 마케팅할 수 있다. 제페토는 이용자를 생산자로 참여시키는 경제 생태계를 제공하여 플랫폼을 활성화하고 있다.

나도 드라마 작가가 된다, 제페토 드라마

요즘 학생들은 누군가가 만든 콘텐츠를 단순히 사용하는 것에 그치지 않는다. 스스로 콘텐츠를 만들고 공유하고 수익으로 연결하기도 한다. 그 대표적인 것이 메타버스 세상에서 만든 제페토인데, 제페토를 이용해 만든 드라마가 바로 그것이다.

제페토에서 여러 가지 캐릭터를 생성한 뒤 스토리에 맞는 행동을 하게 하고 이것을 영상으로 촬영한다. 그런 후에 편집 앱으로 영상을 편집하면 멋진 영상 한 편을 금세 만들 수 있다. Z세대가 누구든지 제약 없이 제페토 드라마에 생산자와 소비자로 참여하면서 메타버스 제페토는 더욱 인기를 끌고 있다.

유튜브에서 '제페토 드라마'라고 검색하면 수많은 콘텐츠가 나타난다. 어린 학생들이 가진 창의 본능을 깨워 주고 구현하도록 하는 순기능을 하고 있다. 여기서 히트를 친 드라마는 실제로 방송 드라마나 영화로 제작되는 날이 올 것이다.

영화와 드라마도 메타버스에서 부활한다

TV 드라마로 방영된 〈호텔 델루나〉는 떠돌이 귀신들의 영혼 전용 호텔인 델루나를 배경으로 펼쳐지는 이야기로 국내외에서 큰 인기를 얻었다. 제작사 스튜디오드래곤은 네이버의 메타버스 플랫폼 제페토에 '호텔 델루나'의 공간과 관련한 아이템을 선보였다.

출시된 아이템은 모두 35종으로 주인공 장만월의 모자, 드레스, 신발, 액세서리 등 그의 패션을 메타버스에 재현했다. 그 외에도 반딧

불 연출 등 〈호텔 델루나〉의 명장면을 구현한 영상 부스도 함께 선보였다.

제페토가 선도적으로 실행하는 이와 같은 변화는 다양한 분야와 업종에서 시도되고 있다. 마치 인터넷 붐이 일던 1990년대에 홈페이지를 만들었던 것처럼, 이제는 3차원 인터넷으로 불리는 메타버스에 진출하고 있다.

이런 추세와 변화는 창의성과 상상력을 가진 기업과 개인 모두에게 새로운 기회가 될 것이다. 메타버스는 소비만 하던 고객을 생산자로 바꾸어 줄 것이다. 메타버스 플랫폼 기업들은 이용자에게 소비에 따른 비용을 받는 구조에서 이용자도 생산을 하고 생산한 것을 유통하고 공유하여 수익을 창출할 수 있는 상생 경제 생태계를 마련하고 있다.

개인이나 기업 모두 메타버스 생태계에 관심을 갖고 참여해야 한다. 신기술이나 새로운 비즈니스 모델이 세상에 나올 때, 남들보다 빨리 선점하는 것도 큰 경쟁력이 된다. 남들이 어떻게 하는지 지켜만 보다가는 새로운 기회를 얻지 못할 것이다.

02
로블록스에서
수익 만들기

제페토 스튜디오는 메타버스 게임계의 유튜브로 불리는 미국의 로블록스를 벤치마킹한 것이다. 로블록스는 이용자가 게임을 직접 만드는 데 필요한 도구를 모아놓은 '로블록스 스튜디오'를 내놨다.

로블록스 스튜디오 홈페이지 초기 화면에서 '만들기 시작' 버튼을 클릭하면 팝업 형태의 작업창이 나타난다. 작업의 편의성을 위해서 기본적인 템플릿을 제공하는데, 여기서 원하는 템플릿을 선택한다.

예를 들어, 모든 공간과 구조물을 여러분의 생각대로 만들고 싶다면 바닥만 있는 템플릿을 선택하고, 로블록스에서 제공하는 기본적인 공간이나 구조물을 활용하고 싶다면 해당되는 템플릿을 선택한다.

자동차 경주용 공간을 만들려면 '레이싱' 템플릿을 선택하고 여기에 여러분이 추가하고자 하는 오브젝트(Object)들을 메뉴에서 추가 작업하여 완성할 수 있다.

로블록스는 공간 만들기 외에도 아바타 상점을 개설하여 판매를 통해 수익을 얻을 수 있다.

로블록스 스튜디오를 활용해 역할수행게임(RPG), 모험, 격투기, 장애물 넘기 등 다양한 장르의 게임을 만들어 로블록스에 올릴 수 있다. 아바타에 특수 능력을 장착하기 위한 아이템을 구매할 수 있는 과금 모델을 게임에 적용할 수 있도록 했다. 일반인이 참여할 수 있는 게임 개발 환경이 구축되면서 로블록스 게임은 5,000만 개를 돌파했다. 로블록스가 게임에 대해 "계속 증가 중"이라고 밝힐 정도로 매일 새로운 게임이 개발되어 업로드 된다. 로블록스에서 '게임 만들기'에 참여하는 개발자도 작년 말 기준 800만명을 넘어섰다.

로블록스 게임을 만들어 학비를 해결했다는 공대생, 전업 로블록스 게임 개발자 등 로블록스에서 돈을 버는 사람들이 늘고 있다. 미국과 유럽에선 로블록스 스튜디오를 활용해 컴퓨터 프로그래밍 교육을 진행하는 학교도 등장하고 있다.

03
게더타운에서
수익 만들기

　게더타운은 플랫폼에서 제공하는 공간을 그대로 사용할 수도 있고, 사용자가 원하는 디자인과 레이아웃의 공간을 만드는 기능도 무료로 제공한다. 게더타운에서 수익을 내려면 먼저 공간을 만드는 방법과 기능을 익히고 실력을 쌓는게 우선이다.

　게더타운에서 기본으로 제공하는 템플릿 목록이다. Office, Seasonal, Experience, Social, Conference, Education 등 6가지 카테고리별로 미리 만들어진 것들 중에서 원하는 것을 선택한다. 현재 Office가 선택된 상태이다.

　25개의 스페이스를 가진 Office 카테고리가 선택됐고 이것들의 항목들이 순차적으로 나열된다. 스크롤바를 움직여서 아래로 내리면 모든 항목을 볼 수 있다.

　선택한 템플릿에 포함된 구성품 목록이 보인다. Desk, Lobby,

Beach, Conference Room, Rooftop, Diner 등이 있다. 2~25명이 사용 가능하고, 실내와 실외는 루프탑과 해변 등 세 가지 맵을 포함한다.

스페이스 이름을 입력하고 패스워드 사용 여부를 선택(패스워드를 알아야 입장이 가능)하고 스페이스의 용도를 선택한다.

게더타운에서 사용할 수 있는 공간을 만드는 실력을 충분히 키웠다면 기업이나 기관, 학교 등에서 원하는 공간을 만들어 주는 유료 프로젝트를 수행하여 수익을 올릴 수 있다.

회사나 학교는 자신들만의 공간을 만들어 행사나 활동을 하려는 요구들이 증가하고 있다. 하지만 원하는 공간을 만드는 것은 적정 수준의 실력을 갖춘 전문가가 아니면 어렵다. 그래서 게더타운 공간을 개발해 주는 전문가들에게 외주 용역을 주고 있다.

전문가나 프리랜서를 연결해 주는 '크몽'에서 공간을 개발해 주는 전문가들이 늘고 있다.

제페토 월드 맵이나 게더타운 공간을 개발해 준다.

개발 비용은 공간이나 맵의 규모나 레이어(공간과 공간이 서로 구분되는) 수, 오브젝트(사물)에 따라 다른데, 2~3백만 원에서 수 천만 원에 이른다. 여러분이 공간 설계나 디자인에 관심이 있고 전문성이 있다면 충분히 도전할 만한 영역이다.

04
NFT(대체불가능토큰)와
가상부동산에서 수익 만들기

트위터 창업자인 잭 도시 최고경영자(CEO)가 자신의 첫 트윗을 최근 'NFT'(Non fungible Token·대체불가능토큰)로 경매에 올렸다. 트위터 창립자 잭 도시가 쓴 역사상 첫번째 트윗의 소유권을 인정한 NFT(Non-fungible Token·대체불가능토큰)가 경매를 통해 290만달러(약 32억7,000만 원)에 판매됐다.

2006년 3월 21일 작성한 자신의 첫 트윗 "지금 막 내 트위터 설정했음"("just setting up my twttr")을 '밸류어블스'(v.cent.co)라는 플랫폼에 올려 경매에 부쳤었다. 도시 CEO는 판매 수익을 모두 아프리카에서 신종코로나바이러스 감염증(코로나19)으로 피해를 입은 사람들에게 기부하겠다고 밝혔다. 판매 수익의 95%는 도시 CEO가, 나머지 5%는 경매를 진행한 밸류어블스가 나누어 갖는다.

NFT는 대체불가능토큰(Non-Fungible Token)의 약자이다. 대체불가능토큰은 언제든 다른 토큰으로 대체하는 것이 가능한 대체가능토큰의 반대 개념이고 상호 교환할 수 없다는 고유의 특성을 지닌 디지털 자산을 말한다. NFT는 블록체인을 기반으로 탄생했기에 보안 및 탈중앙화가 보장된 고유의 소유권을 탑재하고 있다. NFT의 또 다른 특징으로 꼽을 수 있는 '스마트 계약'을 활용하면 계약 구조에 따라 제작자가 향후 재판매 시 로열티를 수령할 수도 있다.

NFT는 새로운 경제 생태계를 열어 주는 완전히 새로운 '파일 포맷'이다. 디지털 화일의 출처를 바로 확인할 수 있어 화일이 원본임을 검증할 수 있고, 소유권도 추적이 가능하다. NFT는 블록체인 위에서 생성할 수 있는 토큰의 한 종류로 토큰마다 고유번호를 가지고 있고 토큰을 전송하는 방식으로 서로 교환할 수 있는 새로운 파일 형식이다. 따라서 이것이 디지털 파일과 결합하면 고유번호를 통해 해당 파일의 원본 여부와 소유자를 쉽게 확인할 수 있다.

최근 각광을 받는 이커머스는 작은 기업들이 오프라인 매장 없이 온라인에서 많은 소비자를 대상으로 사업을 할 수 있게 한다. 하지만 이커머스는 물리적인 세계에 기반을 두고 있어 실제 상품을 만들고 배송하는 데 공급망이 필요하고, 이로 인한 초기 비용이 많이 든다. 이것이 진입장벽을 만든다.

하지만 NFT는 디지털 상품이라 상품을 만들 공장도 먼 거리를 배송할 필요가 없다. 단지 디지털 지갑 주소로 토큰을 전송하기만 하면 거래가 완료된다. 미래에는 온라인 거래를 하듯이 NFT도 매우 보편적으로 사용될 것이다.

NFT는 가상자산의 일종으로, 블록체인 기술을 활용해 복제 가능한 디지털 콘텐츠이지만 초본에 고유한 표식을 부여해 소유권을 부여한다. 해당 상품에 대한 정보가 담긴 메타데이터와 불법 복제를 방지하는 타임스탬프가 합쳐져 세상에 오직 하나뿐인 디지털 자산이 만들어진다. 그동안 복제가 가능해 원본이 의미가 없었던 디지털 자산에 고유성을 부여해 경제적 가치를 인정하고 적정한 가격에 사고팔 수 있는 새로운 시장이 열린 것이다.

코인이 규제를 받자 NFT 시장이 주목을 받고 있다. NFT는 블록체인 기술을 활용하지만, 기존의 가상자산과 달리 디지털 자산에 별도의 고유한 인식 값을 부여하여 상호교환이 불가능하다는 특징이 있다. 희소성을 갖는 디지털 자산으로 매년 2배 이상의 성장세를 기록하고 있다. 2021년 1분기 시장규모가 20억 달러를 돌파했다.

초기에 NFT를 적극적으로 도입한 곳은 대부분 디지털 수집물 관련 분야였으며, 그중 가장 큰 성공을 거둔 사례는 NBA 탑샷이다. 팬들은 플랫폼을 통해 고유 번호가 부여된 NBA 게임 영상 하이라이트를 거래하며 실물로 제작된 농구 트레이딩 카드의 디지털 버전도 즐긴다. 최근 르브론 제임스의 하이라이트가 20만 달러에 판매되었으며, NBA 탑샷 플랫폼은 3억 8백만 달러의 총매출을 만들었다.

거대 패스트푸드 브랜드인 맥도날드 프랑스도 NFT 시장에 진출했다. NFT와 관련된 캠페인을 제작하고 고객을 대상으로 디지털 맥너겟, 프렌치프라이, 빅맥, 선데이 아이스크림 아트를 판매했다.

기성세대로서는 이해하기 어려운 새로운 경제 생태계다. 하지만 MZ세대는 디지털 수집물과 가상 공간의 소유권을 자연스럽게 받아들이고 인정한다. 구찌 또한 고유의 NFT를 출시할 계획이다.

메타버스와 연관된 NFT는 다음과 같은 특징이 있다.

첫째, 가상화폐처럼 블록체인과 NFT를 이용한 가상자산에 투자하여 경제적 이익을 얻을 수 있다.

둘째, JPEG, GIF, 3D 애니메이션, VR 등 디지털 자산은 어떤 것이든 NFT가 될 수 있다. 기존처럼 실물 제품이나 서비스를 제공하면서 재화가 교환되는 것 외에도 가상의 디지털 제품도 거래 가능한 대상으로 확대된다.

셋째, NFT는 실물 거래에서 발생하는 배송이나 보관, 제품의 하자와 같은 문제가 없다. 유명한 럭셔리 브랜드는 실제 제품을 판매하면서 동시에 디지털화 된 브랜드 이미지도 판매한다.

넷째, NFT는 경제적 가치를 부여하여 팬이나 고객과 연결하는 소통의 도구다. 한정된 자산에 금전적인 가치나 가격을 부여하고 소장하거나 거래할 수 있게 해준다. 이런 채널과 방식을 통해 유명 브랜드를 고객과 더욱 긴밀하고 친밀한 관계를 구축해 준다. 기업 입장에서는 브랜드에 대한 홍보와 마케팅을 하면서 경제적 생태계를 구축하는 효과를 얻는다.

최근 가장 주로 사용되는 서비스는 NFT 갤러리다. NFT는 디지털 작품에 대체 불가능 토큰을 입혀 작품의 소유권을 판매하거나 경매하는 용도로 쓰인다. 소유권이 명시되어 있어 디지털 작품 자체는 누구든지 볼 수 있다. 하지만 디지털 복사본이 있다고 해서 소유권이 증명된 건 아니다. NFT를 받아야 소유권을 인정 받는다. NFT를 대표하는 거래소 오픈씨(OpenSea)가 가상의 갤러리를 스페이셜 내에 열고 NFT에 올린 작품들을 전시한다. 관람객들은 오픈씨 갤러리에서 팔렸거나 거래될 작품들을 감상할 수 있다.

NFT와 함께 가상부동산 거래 웹사이트 '어스2(earth2)'가 주목을 받고 있다. 어스2는 지구 상의 모든 토지를 10m×10m로 쪼개어 실제 돈으로 사고 팔 수 있는 플랫폼이다.

어스2에 존재하는 땅은 우리들이 살고 있는 현실에 있는 토지가 아니다. 어스2는 위성 이미지를 이용하여 지구와 똑같은 가상 행성을 가상세계에 만들고 여기서 땅을 사고 파는 일종의 게임이다. 어스2에서 구매한 땅은 게임 서버 기록으로만 남을 뿐, 실제 현실에는 아무런 영향도 미치지 않는다.

그런데도 수많은 사람들이 어스2의 부동산을 구매하기 위해 경쟁적으로 입찰에 참여한다. 2020년 11월 서비스를 시작한 이 게임은 2021년 4월 기준으로 미국 이용자들의 자산가치만 총 3,215만달러(약 359억 원)를 기록했다. 이탈리아는 810만달러(약 90억 원)를 어스2의 가상 부동산에 투자했으며, 한국 이용자들도 745만달러(약 83억 원)를 쏟아 부었다.

투자 플랫폼 '리퍼블릭(Republic)'이 메타버스 내 가상공간에 '디지털 부동산'을 개발해 분양하고 있다. 휴양지 콘셉트로 작은 정원을 꾸며놓고 천막과 안락의자, 가족용 테이블도 배치했다.

이 펀드는 디센트럴랜드(Decentraland), 더 샌드박스(The Sandbox), 크립토복셀(Cryptovoxels), 솜니움 스페이스(Somnium Space) 등 다양한 메타버스 가상 공간을 대상으로 한다. 펀드 자금으로 이 공간들에 호텔, 상점 등을 지어 자산 가치를 높인다. 바·카지노 등을 개발하겠다며 유명 호텔 체인들과 협의도 진행중이다. 현실 세계에서 흔히 볼 수 있는 부동산의 '투자–개발–수익 창출' 모델이 게임 속 디지털 가상 세계에 적용된 것이다. 펀드는 초청장을 받은 99명만 가입할 수 있고, 투자 금액은 1인당 최소 2만5,000달러(약 2800만 원)다.

메타버스 공간을 놓고 개인끼리 거래 한 적은 예전에도 있었지만, 투자 상품까지 나온 것은 처음이다. 게임 이용자들이 메타버스에 머무는 시간이 점점 늘어나고, 전시나 공연, 쇼핑, 친목 등 점점 더 많은 경제 활동이 메타버스에서 이뤄지면서 디지털 부동산의 투자가치는 점점 높아질 것이다.

디지털 이미지에 불과한 가상의 땅에 사람들이 몰리는 이유는 가상부동산이 미래의 대체 투자 수단이 되리라는 믿음 때문이다.

—— 5부 ——
·
Forecast
·
메타버스의
미래 전망하기

　　　　　　　　　　　· · ·

　　메타버스가 국내에 본격적으로 소개된 것은 2020년부터다. 그런데 코로나19로 인한 비대면과 재택근무, 원격수업 등을 충분히 경험한 2021년 봄부터 메타버스라는 용어는 기사와 뉴스를 통해 대대적으로 노출되기 시작했다. 불과 몇 달 전까지만 해도 DT(디지털 트랜스포메이션)로 기업과 조직들은 대혼란에 휩싸였었다.

　　DT를 빨리 도입하지 않으면 마치 기업이 경쟁력을 잃어 존폐의 기로에 설 것 같은 분위기였다. 여기에 더하여 인공지능, 블록체인 등 너무 많은 기술이 한꺼번에 이슈거리가 됐었다. 이렇게 많은 기술로 인하여 기업이나 개인이 혼란스럽게 소용돌이 치는 상황에 메타버스라는 새로운 것을 만났고, 많은 기업이 우후죽순처럼 메타버스 속으로 뛰어드는 모습을 보고 있다. 마치 메타버스를 도입한 기업은 최첨단을 달리는 것으로, 아직 도입하지 않은 기업은 시대와 기술에 뒤떨어진 것으로 착각할 정도다. 그래서 동일한 분야와 비즈니스 영역에서 정상을 다투는 기업이나 조직들은 경쟁사가 메타버스를 도입하거나 활용한다는 소식이 들리면 자칫 경쟁에서 낙오되고 질세라 자신들도 빠르게 도입하는 형국이다.

지금까지 세상에 나온 기술들은 독자적인 한 가지 기술(간혹 복합 기술이 있지만 서로 명확한 경계가 있다)이라 이해하고 활용하는 데 큰 어려움이나 혼란이 없었다. 하지만 메타버스를 말할 때 MMORPG 3D 게임과 같다고 말하거나 가상현실이나 증강현실을 확장한 것으로 소개하기도 한다. 사용자를 대신하는 아바타도 나오고, 소셜네트워크와도 연결되다가 블록체인이나 NFT도 나오고 3차원 인터넷, 5G 네트워크를 활용하는 비대면 시대에 필요한 기술이라고도 한다. 어떤 사람들은 메타버스를 플랫폼이라고도 말하고 양방향 상호작용이 있어야 한다고 말한다. 그래서 한 가지 기술을 이해하고 활용하기도 어려운데 여러 가지를 모두 포괄하고 있어 기업이나 개인이나 모두 선뜻 다가서기가 망설여지고 두렵기도 하다.

엄밀히 말하면 메타버스는 위에서 언급한 모든 기술과 도구, 서비스를 망라한다. 한때 유행했던 유비쿼터스를 기억하는가? 유비쿼터스는 '언제 어디에나 존재한다'는 뜻의 라틴어로, 사용자가 컴퓨터나 네트워크를 의식하지 않고 장소에 상관없이 자유롭게 네트워크에 접속할 수 있는 환경을 말한다. 언제 어디서나 편리하게 컴퓨터 자원을 활용할 수 있도록 현실 세계와 가상세계를 결합한 것으로 정의하기도 한다. 유비쿼터스는 정부 차원에서 다양한 국책 과제와 전략으로 밀어붙인 주제였다. 하지만 그때뿐, 시간이 지나니 저 멀리 기억 속으로 사라졌다.

유비쿼터스의 정의를 보면 메타버스와 동일하다는 느낌이 들기도 할 것이다. 하지만 메타버스가 포괄하는 기술과 서비스는 유비쿼터스가 유행하던 시기에 비하여 비약적으로 발전했고, 당시에는 없던 새로운 기술과 서비스가 더 많이 개발되고 추가된 것이다.

메타버스의 미래를 알려면 메타버스의 개념과 탄생, 발전 과정, 그리고 최근의 현황을 두루 이해해야 한다. 앞에서 설명한 것을 종합해 보면 메타버스는 최근 갑자기 나타난 개념이 아니라 거의 30년간의 다양한 기술의 개발과 발전으로 꾸준히 진화해 온 것임을 알 수 있다. 최근에 이룩한 컴퓨팅과 하드웨어, 네트워크 성능의 비약적 발전과 함께 블록체인, 가상화폐 기술을 적극적으로 수용하며 빠르고 광범위하며 놀라운 성장을 보여주고 있다. 여기에 반도체와 광학기술의 고도화에 의한 HMD나 웨어러블 글래스, 인공지능 기술이 융합하여 가상세계와 증강현실의 효용과 즐거움이 더 확장되면서 메타버스의 성장이 더욱 가속화하고 있다. 현실 세계와 가상세계의 영역과 한계의 구분 없이 실시간으로 연결되어 새로운 산업이나 서비스, 새로운 부가가치 창출이 확산될 것이다.

2009년에 상영된 〈아바타〉라는 영화를 기억할 것이다. 3D 안경을 끼고 대형 화면에 펼쳐지는 3차원 가상세계를 160분 동안 처음으로 경험했다. 당시는 커다란 충격이었고 놀라운 경험이었다. 그래서 3차원 영상에 매료된 필자는 10년 전 국내에서 3D TV가 최초로

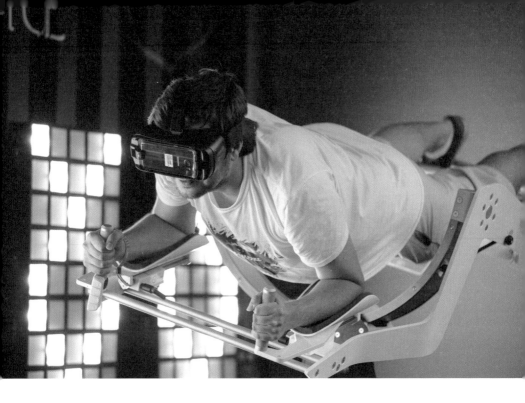

출시되자마자 구매한 지 얼마 안 된 대형 LCD TV를 버리고 3D TV를 구매하여 3차원 안경을 끼고 한동안 3D 영상 세계에 살았던 기억이 지금도 생생하다. 영화에서 전직 해병대원이던 주인공 제이크는 하반신이 마비된 장애인으로 휠체어에 의지하며 생활해야 했다. 하지만 판도라 행성이라는 가상세계에 연결되자 주인공을 대신하는 아바타는 그곳에서 마음대로 뛰고 움직일 수 있는 전사가 된다.

현실 세계의 제약에서 자유로울 수 있는 다양성의 보장은 메타버스의 중요한 매력이자 성공 요소다. 과거 영화에서나 보고 경험할 수 있던 세계가 이제는 메타버스를 통해 우리에게도 직접 경험하고 활용할 수 있는 현실로 다가온 것이다.

　가정이나 PC방에서 하는 게임은 모니터 화면을 보면서 즐기는데, 이것은 2차원이라 입체감이 없어 집중도와 흥미가 떨어지는 게 사실이다. 하지만 HDM을 착용하면서 즐기는 3차원 게임은 엄청난 몰입감과 재미를 제공한다. 말 그대로 3차원은 2차원과 완전히 차원이 다른 세계다. 위 사진은 VR 쓰고 가상현실 3차원 게임을 하는 모습이다.

　이제 기업의 세상으로 가보자. 코로나19로 인한 비대면 회의가 일상화됐다. 지금까지 비대면 화상회의는 줌, MS팀즈, 구글미트, 웹엑스 등을 활용하는데, 이것들은 모두 2차원 모니터를 보면서 진행된다. 당연히 입체감이 없고 모니터 주변에 있는 벽이나 가구, 사물 등에 의해 시야가 분산된다. 그래서 온전히 회의에 몰입하기 어렵고 쉽게 지친다.

　이제는 비대면 화상회의도 3차원으로 진행할 수 있다. 2차원 모니터 화면으로 상대방의 얼굴을 보는 데 그치지 않고, 회의 참가자들을 대표하는 아바타들이 회의 현장에 함께 모여 이야기를 나눌 수 있다. 인공지능 기술의 발전으로 아바타의 얼굴은 실제 본인의 얼굴을 캡처하여 최대한 실물과 비슷하게 표현된다.

　말을 하면 입술도 움직이고 실제로 손을 이동하면 양손에 센서가 장착된 조이스틱을 들고 있어 손 제스처를 가상세계에 실시간으로 그대로 구현한다. 직원이 실제로 회의 현장에 함께 앉아서 이야기를 나누는 것 같은 현장감과 사실감을 제공한다. 당연히 회의 효과는 높아진다.

　3차원 회의를 하려면 위 사진과 같은 HDM 장비를 사용해야 한다. 대부분의 기업은 모든 직원에게 업무용 노트북을 무료로 제공하는데, 미래에는 HDM 장비도 업무를 위해 무료로 제공할 것이다. 기존에는 HDM이 노트북보다 훨씬 비쌌지만 기술이 발전하여 장비 가격이 빠르게 떨어지고 있다. 오큘러스 퀘스트2의 가격은 최소 사양 기준으로 대략 40~50만 원 선이다.

　기업들은 비용 부담으로 일시에 모든 직원에게 HDM을 제공하기 어렵고, 원격 화상회의에서 장비가 필수인 경우를 우선순위로 정하여 해당 직원들에게 먼저 제공할 것이다. 예를 들어 3차원 공간에서 설계도나 프로토타입 모형을 가지고 심도 있는 아이디어를 개발하거나, 임원진이 다양한 통계자료나 데이터를 가지고 중요한 의사결정을 하거나, 공장의 생산 장비나 건설 현장의 구조물에 관한 회의를 할 때 등이다.

한편 회사 입장에서 HDM의 역기능도 있다. 이러한 장비가 있으면 3차원 게임을 다운로드하여 사용할 수 있어 직원들이 재택근무를 하면서 회사에서 제공한 HDM으로는 게임을 할 수 없게 다운로드 방지 기능을 적용할 것이다. 이런 경우에는 HDM의 하드웨어 사양이 낮아도 무방하다. 따라서 회사용 HDM은 하드웨어 사양을 최소화하여 10~20만 원의 저가로 대량 공급되는 기기가 많이 등장할 것이다.

회사에서 제공하는 저사양 HDM과 개인용으로 구입한 고사양 HDM 두 가지를 보유하며 활용하는 시대가 될 것이다.

01
메타버스
플랫폼의 미래

이제부터 기업이 메타버스와 관련한 어떤 기술이나 비즈니스에 관심을 가져야 할 것인지 분석해 본다. 메타버스의 가상세계 생태계를 구성하는 인프라 요소는 소프트웨어와 하드웨어, 그리고 플랫폼 세 가지다. 각각은 거대한 시장과 비즈니스 기회가 생길 것이며, 세 가지를 망라할 수 있는 기업이 된다면 더욱 강력한 파워를 가져 시장과 고객을 지배할 것이다.

로블록스, 포트나이트, 제페토, 이프랜드처럼 메타버스 플랫폼을 개발하여 제공하는 기업들이 있다. 이들은 게임을 즐기는 어린 나이의 개인 고객(B2C)이었는데, 최근에는 기업 고객(B2B)들이 자기 플랫폼을 이용하도록 비즈니스 영역을 확대하는 데 심혈을 기울이고 있다. 회사의 행사, 채용 설명회나 채용 면접, 직원 교육이나 워크숍 등을 진행하기도 하고, 패션 기업들은 가상 매장을 만들어 MZ세대 고객과 소통하는 중이다. 엔터테인먼트 기업들은 유명 가수들의 노래나 콘서트를 메타버스에서 개최하여 전 세계 팬들에게 제공한다.

게더타운도 메타버스 플랫폼인데, 이것은 주로 가상세계에 사무실, 교육장, 행사장을 가상공간에 마련하여 진행되는 2차원 가상세계다. 이들이 제공하는 가상공간의 디자인이나 아바타는 3차원의 멋진 공간과 아바타를 제공하는 제페토나 이프랜드에 비하면 매우 조악한 수준이다. 하지만 아바타간의 상호작용 면에서는 훨씬 유용하다. 왜냐하면 가상세계가 펼쳐지는 화면에는 단지 아바타만 보이는 게 아니고, 아바타의 거리가 가까워지면 카메라로 아바타를 조종하는 실제 인물의 얼굴이 보이기 때문이다. 그래서 몰입감과 상호작용 효과가 매우 높다. 제페토나 이프랜드는 아바타만 보일 뿐 실제 얼굴을 보는 기능은 없다. 하지만 게더타운에 대항하려면 실제 얼굴도 볼 수 있는 기능이 있어야 한다.

이런 상황에서 강력한 경쟁자가 나타났다. 바로 전 세계 12억 명의 이용자를 보유한 페이스북이다. 페이스북은 얼마 전 '워크룸(Work-Rooms)'이라는 메타버스 플랫폼을 공개했다. 2차원 줌과 게더타운의 기능을 3차원으로 합치고 디자인과 UI를 더욱 진화시켰다.

앞의 사진으로 세 가지를 직관적으로 비교할 수 있다. 줌은 항상 실제 얼굴을 보면서 회의를 하고, 게더타운은 아바타가 움직이고 서로 가까워지면 실제 얼굴이 화면에 나타나고, 워크룸은 줌처럼 항상 얼굴이 나타나고 게더타운처럼 아바타가 움직일 수 있다.

그런데 게더타운의 아바타는 매우 조악한 수준이고 화면에 보이는 크기도 작다. 그래서 무언가 답답한 느낌이 든다. 워크룸의 아바타는 실제 인물과 유사할 정도로 품질이 높다. 그래서 실제 사람이 옆에 있다는 느낌을 준다. 인공지능 기술을 이용하여 이용자의 얼굴을 카메라로 캡처하고 최대한 본인 얼굴에 가깝게 렌더링하여 아바타를 만들기 때문이다. 그래서 몰입감과 활발한 상호작용이 가능하다.

3차원 가상공간에서 원격회의를 하도록 제공하는 메타버스 플랫폼으로 스페이셜이 있는데, 그 외에도 핀란드 기업에서 개발한 글루(Glue)도 있다. 필자는 글루 체험 독자들과 공유하기 위해서 글루의 임원과 글루 앱에서 미팅을 진행했다.

글루의 UI는 스페이셜과 매우 유사하다. 다만 스페이셜은 실제 얼굴을 렌더링한 아바타라 실제에 가깝지만 약간은 괴기스러운 느낌이 있다. 글루는 워크룸처럼 매우 호감이 가고 친근한 느낌의 아바타였다.

글루도 HDM을 활용한다. 글루가 제공하는 가상 배경은 정말로 환상적이고 멋지다. 그래서 그곳에 가고 싶다는 충동이 이는데, 여기서 회의를 진행하면 매우 높은 몰입과 함께 공간이 주는 고급스러움과 판타지 느낌이 있다. 스위스의 멋진 호수를 배경으로 하는 공간도 있고, 사막의 멋진 족장의 천막 같은 공간, 설원을 배경으로 하는 공간, 요트 위 공간 등이 매력적이다.

필자는 글루 임원인 Jani와 함께 다양한 공간으로 이동하며 의견을 나누고 회의를 진행했다. 실제로 포스트잇에 글자를 입력하거나 파워포인트 자료를 공유했다.

글루와 스페이셜은 주로 B2B를 타겟으로 한다.

플랫폼을 만들어 제공하는 것은 메타버스 생태계의 핵심을 갖는 것과 같다. 수억 명이나 수십 억 명의 이용자가 모이기 때문이다. 플랫폼의 특성상 한 번 가입한 고객은 이탈할 확률이 낮고 록인(Lock-in)된다. 그러면 이들을 대상으로 경제활동이나 수익사업을 전개하기가 쉽다.

그런데 플랫폼 제공자가 염두에 두어야 할 것은, 생태계와 콘텐츠를 모두 이용자들에게 일방적으로 제공하는 것은 위험하다. 새로운 콘텐츠를 지속적으로 개발하려면 많은 인력과 자원이 필요하다. 이것은 결국 사용자에게 경제적 부담으로 작용한다. 또한 MZ세대는 자신들의 생각과 의견을 거리낌 없이 표현하고 양방향 소통을 원한다. 그래서 메타버스 플랫폼은 이용자들이 콘텐츠 개발자가 되고 제공자가 될 수 있는 길을 함께 제공한다. 아바타에게 입힐 의상이나 굿즈를 디자인하거나 가상공간을 설계하고 마켓에 등록하여 수익을 갖도록 하는 경제 시스템이 바로 그것이다. 수익으로 이어지지는 않더라도 이용자들이 자신에게 필요한 공간을 맞춤식으로 설계하여 메타버스 플랫폼에서 사용할 개방용 도구들도 제공한다.

제페토, 이프랜드, 게더타운 등이 여기에 해당된다. 하지만 워크룸과 글루, 스페이셜은 공급자만 할 수 있는 폐쇄적 플랫폼이다. 이것들도 메타버스가 추구하는 개방적이고 양방향 상호작용을 위해서 이용자들이 적극적으로 참여할 수 있는 개방형 생태계로 전환하고 진화해야 할 것이다.

새롭게 메타버스 플랫폼을 개발하여 서비스하는 비즈니스를 계획하고 있다면, 시장과 고객 세그먼트, 타겟, 포지셔닝을 어떻게 할 것이고, 경쟁사와의 차별성과 고객 가치를 무엇으로 제공할 것인지 여러 요소와 변수를 신중히 고려하여 경쟁 전략을 만들고 진행해야 한다. 만약 수많은 B2C 고객을 확보한 경우라면 메타버스 플랫폼으로 확장하는 게 비교적 쉬울 수도 있다. 이런 관점에서 카카오나 KT가 가장 강력한 신규 진입자로 부상할 가능성이 높다. 우여곡절을 겪은 후 가까스로 재기하려는 싸이월드도 메타버스에 대한 경험과 인프라를 갖고 있어 어떤 행보를 하느냐에 따라 선두로 치고 나올 수도 있지만, 자칫 잘못하면 재기에 실패할 수 있다.

과거에 기업들은 거대한 자본력을 바탕으로 오프라인 쇼핑몰 구축이나 생산라인 자동화에 집중했지만, 이제는 현실 세계의 비즈니스 경쟁력과 가치를 가상세계인 메타버스와 병행하여 시너지 효과를 낼 수 있는 방안을 찾아야 한다.

예를 들어, 오프라인 매장을 중심으로 가구와 생활용품을 판매하는 이케아는 증강현실 애플리케이션으로 판매하는 가구들을 가상으로 집에 설치할 수 있게 '이케아 플레이스(IKEA Place)'를 제공한다. 구찌는 오프라인 매장에서 판매하는 신발을 가상으로 신어 볼 수 있는 서비스를 제공한다. 이처럼 오프라인과 가상세계를 융합하는 메타버스 플랫폼과 생태계 구축에 일류 기업들이 올인하고 있다.

기업들은 메타버스 오피스로 직원 간 회의나 협업을 늘리거나, 디지털 트윈 공장을 도입해 원가와 운영 비용을 줄이고 작업안전도를 높일 수 있을 것이다.

현재 대한민국 기업들을 보면 산업 분야를 가리지 않고 많은 기업이 메타버스 속으로 들어 오고 있다. 가장 빠른 행보를 하고 있는 업종에 금융권과 엔터테인먼트 등이 포함된다. 이런 대열에 게임사들도 가세하고 있다.

금융권에서는 임원진 회의를 메타버스 안에서 진행하거나, 다양한 연구와 시도로 메타버스 활용 방안을 찾고 있다. 이런 행보는 코로나19 사태로 창구 방문이 빠르게 줄어들고 신세대는 주거래 은행에 대한 충성도가 낮아 메타버스 세상의 주류이고 금융권 주요 고객인 MZ세대를 확실하게 붙잡아 미래 먹거리로 마련하려는 전략이다.

금융권의 메타버스 활용 전략은 당장의 수익 창출보다 MZ세대를 향한 홍보 전략의 일환이다. 모두 메타버스 기술 도입을 위한 기술과 경험을 쌓기 위함이다. 미래에는 메타버스 세계에 또 다른 방식의 금융시장이 열릴 것이다.

엔터테인먼트 업계의 선두주자인 SM은 KAIST와 함께 메타버스 비즈니스 분야를 선점하기 위해 연구와 개발을 시작했다. 양 기관은 콘텐츠, 인공지능, 로봇 등의 분야에 관한 기술과 아바타 개발을 위한 공동 연구로 아바타를 활용한 메타버스 공연 기술 연구를 중점적으로 수행할 계획이다. 이를 통해 메타버스 플랫폼과 콘텐츠 분야의 주도권을 선점하는 것이 목표다.

지금은 메타버스 플랫폼인 제페토나 이프랜드를 이용하고 있지만, 장기 안목으로 보면 그것에 구속되는 결과가 보인다. 따라서 금융권이나 엔터테인먼트, 유통, 패션, 스포츠 등 모든 분야의 기업은 타사 플랫폼에 의지하지 않고 독립적으로 운영하고 주도할 수 있는 메타버스 플랫폼 개발과 구축을 목표로 해야 한다.

과거 인터넷에 홈페이지를 구축하는 것이 당연한 것으로 여겼던 것처럼, 미래에는 메타버스 플랫폼 구축이 필수로 여겨질 것이다.

미국의 기업용 클라우드 CRM 소프트웨어 회사인 세일즈포스의 설립자는 마크 베니오프이다. 일반인에게는 생소하겠지만 B2B 비즈니스를 하는 기업이나 직원들에게는 잘 알려진 기업이다.

필자도 세일즈포스 CRM을 직접 사용하면서 글로벌기업들의 셀러들에게 이것을 교육하고 컨설팅한다. 글로벌 일류기업과 국내 대기업들도 세일즈포스의 고객이다.

마크 베니오프는 Saas로 불리는 구독형 클라우드 서비스를 최초로 만든 장본인이다. 대학에서 프로그래밍을 전공하던 중 1984년 애플의 인턴으로 매킨토시 사업부에서 일했다. 프로그램의 버그(오류)를 찾는 역할을 맡았는데, 뛰어난 프로그래머인 그에게는 너무도 지루한 일이었다. 하지만 인턴을 그만두지 않고 계속 근무했다. 이유는 바로 스티브 잡스를 만날 수 있었기 때문이었다. 인턴을 마치고 대학을 졸업한 후에 오라클에 입사했고, 3년 만에 마케팅 부사장 자리에 오른 인물이었다. 오라클 재직 시절, 그는 고객사들이 오라클의 소프트웨어를 사용하려면 프로그램 패키지를 구입해 설치해야 하고, 이것을 유지하고 관리하기 위한 전담 직원을 고용해야 한다는 문제를 발견했다. 이로 인하여 고객들은 패키지와 설치를 위한 고사양 컴퓨터 구매해야 한다. 재정 부담과 추가 인력을 고용해야 하는 리스크를 안아야 했다.

그는 오라클 재직 시절에도 스티브 잡스와의 인연을 계속 유지했다. 어느 날 잡스와의 만남에서 자신이 평소에 갖고 있는 고민을 털어 놓았다. 그러자 잡스는 이런 조언을 해주었다.

"사용하기 쉽고 편리한 제품을 만들려면 무언가를 추가로 개발하는 게 아니고, 무언가를 없애는 것으로 시작해야 한다."

이 조언은 프로그램 설치를 쉽게 만드는 방법이나 기술을 개발하는 게 아니고, 아예 설치가 필요 없는 프로그램(이것이 클라우드 구독형인 Saas 프로그램임)을 만들어야 한다는 깨달음을 주었다. 이렇게 얻은 획기적 개념을 오라클에 적용하려 했지만 경영진의 반대로 좌절됐다. 결국 그는 자신이 직접 프로그램을 개발하겠다고 결심하여 1999년 오라클을 퇴사하자마자 세일즈포스를 창업했다.

세일즈포스는 세 가지를 지향했다.

첫째, 소프트웨어를 설치하지 않고 클라우드에 접속하면 실행할 수 있을 것.

둘째, 전체 패키지를 구입할 필요 없이 필요한 것만 사용하고, 이용한 만큼 요금을 지불할 것.

셋째, 프로그램과 사용자가 입력한 데이터의 유지, 관리 보스는 세일즈포스가 온라인으로 대행해줄 것.

새롭고 획기적인 방식에 수많은 일류기업이 환호하여 세일즈포스를 채택했다. 그래서 창업 4년 만에 직원 수 400명, 연매출 5천만 달러(약 600억 원)를 기록하며 빠르게 성장가도를 달렸다. 하지만 그는 스타트업 수준에 머물고 있는 회사에 만족하지 않고 더 높은 단계로 도약하는 게 필요하다 생각했다. 뾰족한 아이디어를 발견할 수 없던 그는 조언을 구하기 위해 2003년 애플 본사로 가서 스티브 잡스를 만났다.

그는 잡스에게 세일즈포스가 제공하는 서비스를 보여주었다. 상품에 대한 품평을 받기 위해서였다. 하지만 잡스는 품평이나 개선에 대한 조언은 단 한마디도 하지 않았다. "훌륭한 CEO가 되려면 미래를 염두에 두어야 한다. 더 나은 상품을 제공하는 것도 중요하지만 왜 그것을 주려는 지 회사의 미래 비전과 큰 그림을 설명할 수 있어야 한다."고 말했다. 제품과 서비스를 내놓을 때 이것이 회사의 미래 큰 그림에서 무슨 역할을 하고 다른 서비스들과 어떻게 연결되는지 생각하라는 말이었다. 마지막으로 잡스는 베니오프에게 "어플리케이션 생태계를 구축해야 한다."고 조언했다.

잡스가 전해 준 '어플리케이션 생태계'라는 말에 대해 오랜 동안 생각하고 연구했지만 이렇다 할 만한 결론을 내지 못하고 시간을 보냈다. 그러다가 2005년 한 레스토랑에서 개발부서의 업무 개선 방안에 대한 기발한 아이디어가 떠올랐다. 2년 전 스티브 잡스가 조언했던 어플리케이션 생태계를 세일즈포스에 적용하는 플랫폼을 구축하는 거였다.

당시 IT 회사들이 인재를 채용하고 일하는 방식은 거의 비슷했는데, 실력 있는 엔지니어를 채용해서 폐쇄된 공간에서 각자 맡은 기능을 개발하고, 그들의 결과물을 한데 모아 시장에 출시했다. 그런데 어느 순간이 되자 이런 방식에 문제가 발견됐다. 엔지니어들이 오랜 기간 심혈을 기울여 개발하여 출시한 서비스가 이용자들에게 딱히 필요치 않아 외면을 받는 거였다. 게다가 새로운 엔지니어들을 추가로 채용해야 한다는 상황에 직면하자 이런 방식에 혁신이 필요하다 생각했다. 마침내 클라우드 어플리케이션 생태계를 구축하는 플랫폼에 대한 아이디어로 연결됐다.

그가 개발한 아이디어는 회사가 프로그램 개발 계획을 만들어 엔지니어들에게 개발하도록 할당하는 일방향 방식이 아니었다. 개발자나 사용자들이 자신에게 필요한 어플리케이션을 만들어 세일즈포스 플랫폼에 올려서 다른 사용자들이 이것들을 다운로드 받아 이용하도록 하는 것이었다.

그는 레스토랑 냅킨에 자신이 생각해 낸 아이디어를 스케치했고, 이것을 실행하기 위해서 세일즈포스의 서비스를 플랫폼 방식으로 바꾸었다. 이것이 바로 세일즈포스 앱익스체인지이다.

앱익스체인지(앱 스토어의 개념)로 인해 기존에 없던 다양한 기업 관리용 소프트웨어를 이용자들에게 공급할 수 있게 됐다. 개발자들도 수익을 얻게 되어 동반 성장이 가능한 선순환 생태계가 만들어졌다. 당시 생태계에서 공유된 앱은 5천 개 이상이고 매출도 비례하여 급격히 증가했다.

애플의 아이폰이 출시된 다음 해인 2008년, 애플의 개발자 컨퍼런스에 참석한 베니오프는 잡스가 진행한 프레젠테이션에서 앱스토어를 소개하는 것을 보고 깜짝 놀랐다. 자신에게 플랫폼 생태계라는 신의 한 수를 알려준 잡스도 앱스토어 플랫폼을 만들어 성공한 것이다. 전 세계 개발자들이 애플리케이션을 만들어 판매하도록 한 콘텐츠 장터로, 아이폰과 아이패드 생태계를 만들어냈다. 아이폰 출시 1년 뒤 나온 앱스토어는 아이폰을 기존의 스마트폰과 완전히 다른 제품으로 만들었다. 매출은 개발자와 애플이 7:3으로 나누며, 소프트웨어 개발자에게 새로운 세상을 안겨준, 열린 생태계 플랫폼이었다.

베니오프는 2019년 〈월스트리트저널〉과의 인터뷰에서 이렇게 말했다.

"잡스는 나에게 혁신은 결코 진공 상태에서 일어나는 게 아니라는 걸 알려줬다. 하나의 히트 상품이 아니라 수백 개 제품과 서비스가 유기적으로 연결될 때 그 기업의 미래가 보장된다. 그리고 이 모든 것이 통찰력을 기반으로 구축됐을 때 소비자들에게 다른 차원의 감동을 줄 수 있다는 말이다. 그는 제품을 혁신하지 않았다. 그는 생태계를 혁신했다."

메타버스 생태계를 혁신하려면 강력한 메타버스 플랫폼을 구축해야 한다. 제품이나 기술, 서비스 개발보다 선순환 구조의 생태계와 플랫폼 개발이 가장 중요하고 최우선이 돼야 한다.

02
메타버스 하드웨어와
소프트웨어의 미래

메타버스를 3차원 인터넷, 가상세계, 증강현실 등으로 정의한다면 3D 기능 활용은 필수이다. 그런데 인간이 가진 시력은 현실 세계를 3차원으로 볼 수 있지만, 가상세계는 2차원으로만 보인다. 이런 한계를 극복하여 가상세계를 3차원으로 보고 경험하려면 HDM이나 AR 글래스 같은 보조도구가 필요하다.

현재 사용이 가능한 HDM은 사진처럼 오큘러스 퀘스트, 피코 네오, PC VR 등이다.

메타버스가 부상하기 전까지 HDM은 3차원 게임용으로 주로 활용됐다. 그런데 HDM 장비가 워낙 비싸서 사용자들에게 경제적 부담을 주었고 그로 인하여 판매와 확산이 저조했다. 여기에 더하여 3D 게임 콘텐츠도 충분히 제공되지 못했던 것도 비싼 장비를 구매해도 사용할 수 있는 게임 콘텐츠가 부족하여 확산의 걸림돌이 되었다.

HDM 생산업계가 가진 이런 장벽에 돌파구를 연 것이 페이스북이다. 페이스북은 비록 12억 명이 넘는 사용자를 확보했지만, 컴퓨터나 스마트폰의 하드웨어나 OS가 없어 언제든지 이들에 의해 휘둘리고 비즈니스와 수익에 심각한 타격을 받을 가능성이 높았다. 장기적인 측면에서 OS와 하드웨어 플랫폼을 갖지 못하면 항상 위기에 봉착할 수 있다는 불안으로, 마크 저커버그는 가상세계와 메타버스 시대를 맞이하여 OS와 하드웨어 플랫폼의 헤게모니를 쥐어야 한다는 생각으로 오랫동안 준비해 왔다.

막대한 자금을 지급하고 인수한 오큘러스에 엄청난 인력과 자원을 투입하여 개발한 오큘러스 퀘스트2의 판매가를 대폭 낮추는 등 소비자들의 진입 장벽을 낮추어 수백 만 대 이상을 판매했다. 메타버스 가상세계 회의 플랫폼이며 HDM인 오큘러스 퀘스트로 접속 가능한 '호라이즌 워크룸'을 런칭했다. 결국 메타버스 플랫폼의 하드웨어와 소프트웨어 인프라를 모두 손에 쥔 것이다. 메타버스 세계에서 더 이상 구글이나 애플에 자신의 운명을 맡기지 않아도 되는 새로운 역사를 시작한 것이다.

오큘러스 퀘스트2의 저가 공세에 놀랐던 경쟁 업체들은 또 다시 호라이즌 워크룸의 공개로 심각한 생사의 기로에 섰다. 하드웨어를 개발하고 생산하는 업체들은 자신들의 디바이스가 필요한 메타버스 플랫폼이 많이 증가하기를 바란다. 또 장비로 플레이할 수 있는 게임 콘텐츠도 증가하기를 원한다. 하지만 메타버스 플랫폼을 가진 기업이 3D 장비까지 생산한다면, 이들이 만든 장비가 자신들이 개발한 메타버스 플랫폼에 가장 적합하도록 조치를 취할 것이고 그러면 경쟁 장비업체들은 설 자리를 잃고 고사될 것이다.

로브록스, 포트나이트, 제페토, 이프랜드 등은 모바일용이고 2차원이다. 그래서 HDM 같은 장비는 필요하지 않다. 하지만 2차원으로는 고객의 경험과 가치 제안에 한계가 있어 조만간 3D로 확대될 가능성이 높고, 그때가 되면 HDM은 필수 장비가 된다. 예상컨대 이를 미리 대비하여 비밀리에 3차원 버전과 HDM을 함께 개발하고 있을 가능성이 매우 높다. 언젠가는 3D 플랫폼과 HDM을 동시에 공개하고 서비스를 시작하는 상황이 오게 되면, HDM 장비만 생산하는 기업들은 수익성 악화로 도산할 가능성이 높다.

과거에는 어느 한 분야의 전문성과 특화된 기술을 갖고 소프트웨어 따로 하드웨어 따로 만들어 서로 협업하는 구조였다. 하지만 메타버스 시대에는 소프트웨어, 하드웨어, 플랫폼 등 모든 것을 함께 개발하여 독점하는 생태계를 구축하여 잠재 경쟁자들을 따돌리고 독점적이고 수익성 높은 가치 사슬을 만드는 붐이 일 것이다.

메타버스 플랫폼이나 하드웨어 개발에는 반드시 이것들을 구동하고 운영하는 소프트웨어가 필요하다. 충분한 자본을 보유한 대기업들은 마음만 먹으면 플랫폼과 하드웨어에 필요한 소프트웨어를 개발할 수 있다. 이것에 관한 내용은 앞장에서 다루었고, 여기서는 플랫폼과 하드웨어를 제외한 다른 영역에서 필요한 소프트웨어를 설명한다.

메타버스 플랫폼에는 준비된 공간이 있고, 이런 공간에서 아바타가 활동한다. 따라서 공간과 아바타를 설계하고 개발하는 소프트웨어가 있어야 하고, 이를 개발하는 것도 매우 큰 비즈니스 분야다.

제페토나 게더타운에서 플랫폼이 제공하는 공간을 그대로 사용하지 않고, 자신들에게 필요한 공간을 설계하여 개발하고자 하는 요구가 빠르게 증가하고 있다.

코로나19가 장기화하면서 기업들은 빌딩 사무실에서 근무하던 방식에서 재택근무로 전환했다. 몇몇 기업은 기존 사무실을 완전히 폐쇄하고 모든 직원이 메타버스 가상오피스에서 근무를 시작했다. 이때 가상 오피스는 본인에게 익숙한 실내 구조와 배치, 인테리어를 갖추어야 친근감이 있고 안정감을 주어 직원들이 업무에 몰입할 수 있다. 그래서 사무실과 동일한 구조와 디자인, 레이아웃으로 메타버스 가상 사무실을 개발하여 사용하고 있다.

이렇게 현실 세계의 구조물을 가상세계에 동일하게 구축하는 기술을 디지털 트윈이라 부른다. 아날로그 빌딩을 디지털 세상의 쌍둥이로 만든다는 의미다. 고층의 복잡한 실내 구조와 레아이웃을 가진 빌딩을 디지털 트윈으로 만드는 작업은 쉽지 않은 과정이다. 그래서 디지털 트윈을 쉽게 만들 수 있는 소프트웨어를 전문적으로 개발하는 IT 기업이 늘고 있다. 3차원 방식의 디지털 트윈 정도는 아니더라도 2차원 가상 오피스인 게더타운에 맞춤식 사무실을 마련하는 것도 개발과 작업 기간이 오래 걸리고 많은 인력과 비용이 투입되어야 한다. 그래서 이런 작업을 대신하여 개발해 주는 회사나 소프트웨어 개발도 더욱 확대될 것이다.

가상공간 외에 아바타를 개발하는 것도 새로운 비즈니스 영역이다. 메타버스 플랫폼에서 사용되는 아바타는 컴퓨터 하드웨어와 인공지능 기술의 발달로 디즈니 애니메이션 영화처럼 3차원 실사에 가까운 모습으로 만들 수 있게 됐다. 물론 아바타는 현실에서 본인이 말하고 손 제스처를 쓰고 이동하는 것이 그대로 가상세계에 실시간으로 연결되어 아바타로 매끄럽게 표현돼야 한다. 현재 이것이 가능한 메타버스 플랫폼은 페이스북의 호라이즌 워크룸과 스페이셜, 그리고 글루뿐이다. 여기에는 높은 컴퓨터 사양과 소프트웨어 기술이 필요하다.

현재 제페토나 이프랜드에서 사용하는 아바타는 키보드 조작에 의한 이동만 가능한 수준인데, 이것도 3차원 실사 렌더링 기술을 활용하여 실제 사람의 말이나 행동, 제스처를 실시간으로 매끄럽게 표현하는 단계로 진화할 것이다. 아바타 렌더링과 개발에는 유니티라는 프로그램을 주로 사용한다. 유니티는 무료로 프로그램을 사용할 수 있는 서비스를 제공하고 있으니, 관심을 갖고 경험하는 것도 도움이 될 것이다.

03
메타버스 시대를 맞이하는
개인의 미래

지금까지 메타버스와 연관된 기업과 비즈니스의 미래를 살펴봤다. 그러면 메타버스 시대가 개인에게는 어떤 미래를 제공할지 생각해 보자.

지금 불고 있는 메타버스 붐은 놀라운 기세로 모든 분야에 확산하고 있다. 이것은 일시 유행이 아니고 영원히 지속될 미래가 될 것이다. 그래서 선도 기업들이 메타버스에 뛰어들고 있는 것이다. 해당 업계에서 선두를 차지하지 못하던 2등 기업들이 메타버스를 기회로 삼아 역전을 노리고 있기도 하다. 그래서 메타버스 플랫폼을 활용하거나 관련 기술을 개발하는 실험을 하고 있다. 실험으로 어느 정도의 경험과 기술을 익힌 기업들은 자기만의 메타버스 플랫폼을 구축하고 진화 중이다.

기업은 재정 여유가 있어 메타버스 추진을 위한 전담팀을 구성하거나 전문가를 초빙하여 자문을 구하며 다양한 실험에 투자할 수 있지만, 개인은 그렇지 못하다. 이런 상황에서 개인이 취해야 할 선택과 집중에 대해 생각해 보자.

메타버스는 복합 개념과 기술 융합 복합체와 같다. 개념은 자료를 읽거나 전문가의 설명을 듣고 이해하면 된다. 즉 개념을 이해하여 자기 것으로 만드는 것은 그리 어렵지 않다. 약간의 호기심과 의지, 노력만 있으면 된다. 그런데 메타버스의 기술과 활용을 이해하려면 직접 사용하고 경험해야 한다.

메타버스는 4차 산업혁명 기술을 많이 포괄하고 있어 기술의 기초나 배경이 없는 약한 사람들은 그렇지 않은 사람들에 비해서 상대적으로 불리한 입장이 될 수 있다.

이 책을 읽고 있는 독자들은 10대의 놀이터로 알려진 로블록스, 포트나이트, 제페토와 이프랜드 이야기나 기사를 보면 무슨 생각이 드는지 궁금하다.

대부분은 어린 아이들이 노는 모바일 게임 정도로 여길 것이다. 그래서 별로 궁금하지도 않고 관심도 없다. 그런데 기업들이 여기서 행사를 열고 경영 전략회의를 하고, 신입생 입학식과 채용설명회, 신입사원 교육을 하고 패션 기업들이 가상 매장을 열고, 유명 가수들이 공연도 한다고 하면 조금은 관심을 갖고 들여다본다.

제프리 무어가 발표한 기술수명 주기 이론을 보면, 신기술이 세상에 나올 때 가장 먼저 이노베이터가 관심을 갖고 경험하고, 이어서 얼리어댑터로 확산된다. 그런 후 캐즘이라는 낭떠러지에 빠져 기술이 사라진다. 요행히 캐즘을 벗어나면 전기 다수 수용자에게 확산되고 시장과 고객을 확보하여 기술이 수용되고 발전된다.

새로운 것에 대해 호기심과 관심이 많은 이노베이터와 얼리어댑터가 여기에 해당된다. 먼저 경험하고 수용한 이들이 대다수 사람들보다 앞서 가는 유리한 입장이어서 새로운 기회를 가질 확률이 높다. 여러분은 어떤 부류에 해당하는가?

남들이 하는 것을 지켜보고 나서 메타버스를 알거나 경험하는 사람들이 늘어날 때서야 다가간다면 낙오자가 될 것이다. 아침 일찍 일어나는 새가 벌레를 '모두' 잡아 먹고 남는 벌레는 한 마리도 없게 된다. 늦게 일어나면 결국 굶어 죽게 된다. 이것이 메타버스 시대의 생존 원칙이다.

무언가를 경험하고 알아야 거기서 새로운 기회를 얻거나 만들 수 있다. 이제부터 개인들에게 방향을 제시하고 도움이 될 만한 조언을 하려 한다.

이것은 메타버스를 내 것으로 만드는 7단계 접근법이다.

1단계, 스마트폰에 제페토와 이프랜드 앱을 설치하고 사용해 본다. 아이패드나 태블릿이 있다면, 여기에도 설치하여 큰 화면으로 경험해 보자. 플랫폼 앱에서 제공하는 메뉴와 기능을 차례대로 클릭하여 경험해 본다. 설치 후 얼마 지나지 않아 여러분을 팔로우하는 누군가가 생길 것이다. 그들은 10대이다. 그들을 무시하지 말고 거기서 더 머무르고 더 많이 경험하기 위해서 그들을 팔로우(맞팔)하라. 누군가가 여러분에게 아이템을 선물하기도 하는데, 그럴 때는 고맙게 받아서 사용해라. 처음에는 다른 이용자들이 어떻게 하는지 지켜보고 그들의 활동에 참가해라.

2단계, 첫 단계를 어느 정도 경험했으면 여러분도 적극적으로 활동하기 시작하라. 자신의 아바타를 멋지게 꾸미고(그래야 팔로워 숫자가 늘어난다) 다른 사용자들과 소통하고 행사도 열어라. 여러분이 주최한 행사에 모르는 여러 사람이 참가하여 두리번거릴 것이다. 그들을 환영하고 그들과 소통해 봐라. 그들도 대부분 10대일 가능성이 높다. 시간 낭비라 생각하지 말고 많은 것을 시도하고 경험하라. 이런 과정과 경험을 거쳐야 여러분이 지금 하는 일이나 관심사와 연관된 좋은 아이디어가 떠오를 것이다.

3단계, PC 크롬 브라우저에서 게더타운 사이트에 접속하여 회원 가입을 하고 사용해 본다. 제페토와 이프랜드는 모바일 앱만 있고, 게더타운은 PC 브라우저 버전만 있다. 앱스토어에 Gather라는 이름의 앱이 다수 있는데, 관계 없는 앱이니 무시해도 된다.

다른 사람이 게더타운에서 주최하는 행사에 참여하여 경험을 쌓아라. 그런 후에 본인이 주최자가 되어 사람들을 초대하라. 처음에는 가족이나 친구, 직원들과 시험 삼아 해 본다.

4단계, 이 책을 모두 읽으면 메타버스에 대한 기본을 모두 이해하고 활용할 수준이 된다. 이제부터 기사나 뉴스, 칼럼 등에 메타버스에 대한 내용이 보이면 접속하여 읽고 들여다 봐라. 그러면 메타버스가 세상을 어떻게 변화시키고 있는지 보인다. 세상의 변화를 볼 수 있어야 내가 어디로 어떻게 가야할 지 방향과 계획이 만들어진다.

5단계, 이 책을 읽은 여러분만 이런 이해와 경험을 하는 것으로는 부족하다. 가족과 직원들도 반드시 이해하고 경험하도록 리드해라. 먼저 가족과 함께 메타버스 플랫폼을 사용해 봐라.

6단계, 만약 HDM을 갖고 있거나 마련할 수 있다면 스페이셜, 워크룸, 글루 등을 사용하라. 놀랍고 새로운 세계를 경험할 것이다. 이런 세상에 익숙해지면, 여러분에게 메타버스를 활용할 수 있는 더 좋은 생각과 아이디어가 떠오를 것이다. 그런 아이디어를 하나씩 실행하라. 그러면 새로운 기회가 오고 강력한 경쟁력을 갖게 될 것이다.

7단계, 메타버스를 모르는 사람들 앞에 나서서 자신의 지식과 식견을 나누어 주어라. 많이 전하고 나눌수록 나의 수준과 실력은 비례하여 상승할 것이다. 나의 실력이 알려지면 누군가가 도움이나 협업을 요청할 것이다.

지금도 메타버스는 매일 같이 발전되고 기업과 개인들도 빠른 속도로 참여하고 있다. 작년부터 금년까지 1년 동안의 변화를 보면 아무도 예상하지 못하거나 기대 수준 이상의 것들이 나타나고 있다.

그러면 메타버스 비즈니스의 미래는 어떻게 될까?

메타버스 비즈니스의 트렌드를 알아야 미리 준비하거나 참여할 수 있을 것이다. 그래서 4년 후인 2025년을 목표로 정하여 트렌드에 따른 우리들의 대응 전략을 세워야 한다.

메타버스의 발전이나 확산에 가장 중요한 영향을 주는 것은 여러 가지가 있지만, 그 중에서도 소프트웨어와 하드웨어 기술이 핵심이다. 왜냐하면 30년 전에 나온 메타버스가 최근 1~2년 사이에 가장 핫한 이슈로 떠오른 이유도 메타버스에 연관된 이들 기술이 발전하여 빅뱅을 이루었기 때문이다.

메타버스와 직접 관련된 분야나 영역에 있는 기업이나 개인들은 이미 알아서 잘 하고 있다. 그래서 필자는 메타버스의 사용자 입장이거나 미래에 공급자나 개발자 입장이 될 수도 있는 개인들을 위한 대응 전략을 제시한다.

초중고 학생들에 대한 조언

이미 많은 학생들이 로블록스, 제페토, 이프랜드를 사용하고 있다. 이것은 사용자에 대한 통계자료가 증명한다. 메타버스 플랫폼에 가입하여 사용하려면 메뉴를 조작하고 이용하는 방법을 알아야 한다. 그런데 단지 사용자로서 메타버스를 소비하는 수준에 머물러 있으면 안된다. 2025년이 되면 메타버스는 우리들의 삶(생활과 학업 등)에 더 깊숙하고 광범위하게 확장될 것이다. 마치 매일 아침에 눈을 뜨고 밤에 잠자리에 들기까지 스마트폰과 함께 생활하는 것처럼 말이다. 4년 후에는 메타버스가 스마트폰을 대체할 수도 있다. 즉, 지금과 같은 형태와 기능의 스마트폰은 사라질 수도 있다.

가장 흥미가 있고 재미있는 메타버스 플랫폼을 경험해야 한다. 로블록스, 제페토, 이프랜드에 가입하여 사용하는데, 처음에는 단지 참여자 입장이지만, 점차 행사를 주도하거나 주최하는 활발한 활동 경험을 늘려야 한다. 이것을 통해서 다른 사람들과 소통하고 관계를 맺고 활용 능력을 키워야 한다.

그런 후에는 회의를 하고 협업을 하는 생산성과 연관된 메타버스 기능으로 발전시켜야 한다. 예를 들어, 현재 원격 수업을 위한 도구로 '줌'이 가장 많이 사용되는데, 아마도 메타버스가 줌을 대체할 것이다. 아니면 줌이 메타버스 플랫폼으로 진화할 수도 있다.

이들 플랫폼에서 참여와 활동에 머물지 말고, 아바타용 굿즈를 만들고 공간맵을 설계하여 수익도 만드는 경험과 사례를 늘려야 한다. 이런 경험과 사례들이 여러분이 진학하거나 입시를 치룰 때 생활기록부나 자소서에 기록되도록 만들어야 한다.

메타버스의 경험과 사례들을 개인 블로그를 운영하여 폴더별로 카테고리를 구분하여 포스팅하고 기록하는 것도 중요하다. 메타버스에서 소통하고 협업하고 회의하고 행사를 주관하는데 필요한 소프트 스킬도 키우고 개발해야 한다. 해외 학교나 학생들은 메타버스를 어떻게 활용하는지 사례를 찾아보고 연구하는 것도 도움이 된다.

학생 시절에 이런 방식으로 메타버스를 경험하고 역량을 쌓으면, 대학에 진학하거나 사회로 진출할 시기가 되면, 세상은 메타버스가 지배하게 될 테이고, 여러분은 빠르게 적응하고 좋은 기회를 얻게 될 것이다.

취업을 준비하는 대학생이나 예비취업자를 위한 조언

요즘은 취업 면접도 메타버스에서 진행한다. 그런데 메타버스 사용법을 잘 모르고 익숙하지 않으면, 면접에서 낭패를 당하기 쉽다. 면접관의 질문에 답하는 것도 버거운데, 메타버스 플랫폼에 입장하여 사용하는 방법을 모르면 당황하게 되고 그러면 면접에 집중하기 어려워 좋은 결과를 얻을 수 없다.

메타버스 플랫폼은 소통하고 일하기 위한 도구다. 도구가 손에 익숙하지 않으면 물집만 잡힌다. 도구가 손에 익으려면 자연스러워질 때까지 연습해야 한다.

앞에서 초중고 학생들에게 조언한 내용을 동일하게 적용하고, 메타버스 기획과 운영 노하우, 경험을 축적하면 도움이 된다. 공간맵 설계나 3차원 설계 프로그램인 유니티를 익히는 것도 좋다.

취업 후 메타버스에 바로 적응하여 일하고 생산성을 높이려면 자기계발과 비즈니스 역량을 개발해야 한다.

스타트업이나 사내벤처 창업팀을 위한 조언

여기에 해당된다면 앞의 1과 2항에서 조언한 것을 참고하면 좋다. 여기에 더하여 해외 기업들 중에서 메타버스를 도입하거나 활용한 사례들을 연구하고 관련 자료를 입수하여 분석해야 한다. 그래서 메타버스를 활용하거나 융합한 비즈니스모델(BM)을 개발하고 고도화하는 과정을 밟아야 한다.

사업계획서에도 메타버스를 접목하거나 응용할 수 있는 아이디어와 방법을 찾아 포함시키면 좋다.

—— 6부 ——

·

Build

·

메타버스 콜라보
시스템 구축하기

01
메타버스 플랫폼
생태계 만들기

전문가들은 메타버스 플랫폼 생태계를 유지하려면 네 가지 플라이휠을 갖추어야 한다고 말한다. 이 네 가지는 오픈월드(Open World), 샌드박스(Sandbox), 크리에이터 이코노미(Creator Economy), 아바타(Avatar)이다. 네 가지 중에 어느 하나라도 약하거나 추진력을 잃으면 메타버스의 경쟁력은 사라진다.

메타버스 플랫폼 생태계의 4 플라이휠

1. 오픈월드 ⇒ Moving(이동)

이용자가 누구든지 가상세계에서 아무런 제약 없이 자유롭게 이동하고 탐험하며 이벤트를 개최하거나 참여할 수 있다. 기존의 온라인 게임은 무한한 공간이 있지만, 플레이어가 자유롭게 가지 못하고 정해진 길을 따라 미션을 수행하여 게임을 클리어하는 닫힌 세계다. 이용자는 게임을 단순히 소비한다. 개발자가 정해 놓은 시나리오와 선택지 중에 골라야 하는 제약이 있다.

오픈월드는 이용자의 자유도가 높아 선택에 따라 모두 다른 결과나 공간이 나온다. 이로 인하여 이용자들의 플랫폼 체류 시간이 길어져 중간에 게임을 멈추거나 이탈할 확률이 줄어든다. 기존 게임과 달리 이용자는 단순한 소비자가 아니다. 이벤트와 공간을 만드는 생산자가 된다. 지금 뜨고 있는 메타버스인 로블록스, 마인크래프트, 제페토, 게더타운 등이 모두 오픈월드다. 공간의 이동이 자유롭고 원하면 어디든지 갈 수 있다. 예로서 마인크래프트의 전체 지도는 36억 평방 제곱킬로미터로 지구 표면의 약 7배다.

이용자는 이렇게 무한한 공간을 자유롭게 이동하면서 농경을 하고 광물을 캐고 성과 집을 짓고 무기를 만들어 자신만의 세상과 마을을 건설한다. 제페토에서도 클릭 한 번으로 다양한 앱이나 공간을 선택하여 이동할 수 있다.

사람들이 메타버스에 열광하고 참여하는 이유는 자율적 선택권이 있는 열린 세계이기 때문이다. 그래서 자유로운 생각과 거침 없는 행동에 높은 가치를 두는 MZ세대가 환영한다.

2. 샌드박스 ⇒ Making(만들기)

어린 시절 모래놀이를 한 경험이 있을 것이다. 모래만 있으면 멋진 성도 만들고 두꺼비집도 만들고 무엇이든 자유롭게 만든다. 모래를 쌓다가 마음에 들지 않으면 부수고 다시 쌓기도 한다. 모래성 쌓기를 하면서 무한한 상상력과 창의력, 협동심을 배운다. 이때 자신이 모든 것을 주도하고 성취한다. 이것이 바로 샌드박스형 게임의 매력이다. 기존의 온라인 게임에서는 이런 기회가 없다. 하지만 메타버스 플랫폼은 게임이나 시스템에서 제공하는 툴이나 맵메이커로 사물(오브젝트)이나 건물, 지형 지물을 만들 수 있다. 단순히 게임만 하는 경우에는 이탈률이 높다. 하지만 자신이 만든 무언가가 존재하는 메타버스 플랫폼에서는 쉽게 이탈하지 않는다. 이것이 바로 '몰라서 한 번도 경험해 보지 못한 사람은 있어도, 단 한 번만 경험한 사람은 없다.'고 하는 록인 효과다. 그래서 로블록스, 마인크래프트, 제페토, 게더타운 이용자들의 이탈률이 낮다. 기업들이 메타버스 플랫폼에 빠르게 뛰어드는 이유는 바로 이런 선점 효과 때문이다.

로블록스 이용자들은 '로블록스 스튜디오'를 활용해 게임을 만든다. 이 툴은 사용도 쉽고 간단하여 어린 학생도 아이디어만 있으면 재미있는 게임을 만들 수 있다. 이것을 통해 800만 명 이상이 게임을 개발했고, 이렇게 만든 게임이 5,500만 개를 넘었다.

제페토도 '제페토 스튜디오'로 아바타용 의상을 만들어 판매한다. '제페토 빌드잇'으로는 맵을 만들고 '제페토 드라마'로는 동영상 애니메이션 드라마를 만든다.

게더타운 이용자도 원하는 맵(스페이스)과 오브젝트를 만들 수 있다. 이렇게 만든 맵은 공유할 수 있어 이용자 편리성이 증대하는 효과가 있다. 플랫폼 개발 기업들이 이용자 참여형 콘텐츠 개발 툴을 제공하는 이유는 이렇다. 모든 콘텐츠를 폐쇄적 상황에서 만들어 제공하려면 많은 시간과 노력, 비용이 필요하고 콘텐츠의 양도 제한된다. 하지만 이용자들이 콘텐츠를 만들도록 하면 기발하고 무궁무진한 콘텐츠가 플랫폼에 무한으로 제공되어 다른 이용자들의 경험이 풍부해지는 효과를 얻는다. 콘텐츠와 자기주도식 이용자 경험은 입소문을 타거나 추천에 의해 신규 이용자 참여와 유입을 촉진한다.

기존 게임은 공급자가 콘텐츠를 만들어 제공하면, 이용자는 제공된 범위 내에서 사용할 수밖에 없는 탑다운 구조였다. 메타버스 플랫폼은 이용자들이 콘텐츠를 만들어 제공하는 버텀업 구조이다. 이것이 메타버스 플랫폼의 무한 선순환 시스템을 만드는 동력이다.

3. 크리에이터 이코노미 ⇒ Earning(경제활동)

이용자들이 메타버스 플랫폼에 가입하거나 접속하여 시간을 보내는 이유는 색다른 경험을 하기 위해서다. 그래서 다양한 콘텐츠가 지속적으로 제공되어야 한다. 그런데 플랫폼 공급처가 모든 콘텐츠를 제공하는 건 한계가 있고, 콘텐츠 부족이라는 딜레마에 빠지게 된다. 플랫폼에서 이용자들을 콘텐츠 개발자와 생산자로 만드는 툴과 시스템을 제공하는 것은 장기적 관점에서 서로 윈윈하는 시너지 효과를 낸다. 이용자들이 처음에는 콘텐츠 소비자로 시작했지만, 언제든 생산자가 되어 경제 활동이 가능해지면 크리에이터 이코노미는 선순환 사이클을 갖게 된다. 물론 이용자들은 플랫폼에 록인되는 효과도 높아진다. 로블록스는 로벅스라는 게임 화폐를 사용한다. 2.99달러에 1,700로벅스이다.

이용자가 다른 이용자가 만든 게임에 접속하려면 25로벅스(500원)부터 1,000로벅스(14,000원)까지 지불해야 한다. 게임에서 이기거나 좋은 성적을 얻으려면 유료 아이템을 구매해야 하는데, 이 경우에도 개발자에게 수익의 일정 부분이 지급된다.

제페토는 젬이라는 내부 화폐를 사용한다. 젬으로 원하는 아이템을 구매할 수 있다. 아바타를 장식하는 의상 하나가 10~20젬 정도다.

로블록스와 제페토 모두 개발자의 판매 수익이 일정 금액을 넘으면 현금으로 인출할 수 있다. 지금까지 로블록스에서 개발자에게 지급된 수익이 2,800억 원 이상이다. 미국의 20세 청년이 로블록스 게임을 개발하여 한 달 수익을 5,500만 원 정도 올리기도 한다. 제페토에서도 월간 1,500만 원 수익을 올린 이용자가 생겼다. 아바타용 아이템을 전문으로 디자인하고 만드는 개인과 기업이 생겨나고 있다. 새로운 직업과 일자리가 만들어지고 있는 셈이다.

4. 아바타 ⇒ Existing(존재감)

아바타는 이용자를 대신하는 부캐(부캐릭터)이자 분신이다. 아바타는 마우스와 키보드로 조작된다. 아바타로 메타버스의 다른 아바타나 오브젝트(사물)와 상호작용하고 소통한다. 메타버스에는 세 가지 소통방식이 있다.

첫째, 감정 표현 모션으로 아바타의 특정 동작이 저장되어 있고, 이것으로 이용자의 감정을 전달한다. 제페토는 인공지능 기술을 이용하여 1,000개 이상의 이용자 표정을 아바타에 구현했다.

SKT의 이프랜드도 66개의 감정 표현 모델을 제공한다. 좋다, 싫다, 감사하다는 감정을 표현할 수 있다.

둘째, 텍스트로 표현하는 채팅이다. 이것은 기존의 온라인 도구에서 사용하던 방식이다.

셋째, 아바타끼리 가까워져서 일정 거리 이내로 좁혀지면 자동으로 카메라와 마이크가 작동되는 것이다. 그러면 상대방과 화상 대화가 가능해진다. 마치 오프라인에서 다른 사람과 대화하기 위해 그 사람 가까이 이동하는 것과 같다. 자신의 아바타가 다른 아바타에게 가까이 이동하거나 다른 아바타가 자신에게 다가오면 카메라와 마이크가 활성화한다. 다시 거리가 멀어지면 비활성화하고 대화를 할 수 없게 된다.

아바타는 이용자의 모든 것을 메타버스에서 대신하고 표현한다. 사람처럼 겉으로 보이는 외모가 중요하다. 그래서 아바타를 남보다 멋지고 개성 있게 꾸민다. 오프라인 세상에서 사람들이 명품으로 꾸미고 과시하는 것처럼 메타버스에서도 자신의 아바타를 명품으로 꾸민다. 그래서 아이템을 사고 파는 경제 시스템이 작동된다

메타버스 플랫폼이 성공하려면 네 가지 플라이휠이 이용자들에게 각각 어떤 행동(Action)을 제공하고, 이로 인하여 어떤 성과(Outcome)

를 얻고 어떤 감정(Feeling)을 느끼게 하는지가 매우 중요하다. 이것은 앞으로 메타버스 플랫폼을 개발하여 이용자들에게 제공하거나 기업이나 기관에서 내부용으로 자체 개발하려는 경우에 반드시 고려해야 한다.

네 가지 플라이휠은 각 이용자에게 어떤 액션을 하도록 하고, 그 결과 어떤 성과를 얻게 하고, 어떤 감정을 느끼게 하는지 알아야 한다. 먼저 그 전체 개념을 요약하면 다음과 같다.

〈메타버스 플랫폼 생태계의 플라이휠 4〉

오픈월드에서 이용자들이 하는 행동은 이동(Moving)이다. 제공되는 맵과 공간을 원하는 대로 자유롭게 이동하고 움직인다. 이것을 통해 자율과 자유로움(Freedom)을 얻는다. 이때 느끼는 감정은 행복(Happiness)이다.

샌드박스로 이용자들이 하는 행동은 만들기(Making)이다. 플랫폼

안에서 이용자이면서 생산자가 될 수 있다. 이것을 통해 주도력(Own-ership)을 갖고 성취감(Achievement)을 얻는다.

크리에이터 이코노미로 이용자들은 경제활동(Earning)을 할 수 있다. 자신이 만든 아이템이나 게임, 맵을 다른 이용자들에게 판매할 수 있다. 이것을 통해 돈을 벌고 경제적 독립(Independence)의 안정감을 얻게 된다.

아바타로 이용자들은 자신의 존재감을 나타낸다. 이용자 자신이 움직이고 행동하는 모든 것을 아바타가 대신한다. 이것을 통해 참여(Participation)의 성과를 얻고 몰입(Flow)의 감정을 갖게 된다.

성공적인 메타버스 플랫폼 생태계를 가지려면 이용자들이 네 가지 액션을 할 수 있게 하고, 이런 액션으로 네 가지 성과를 얻게 해야 한다. 그리고 네 가지 감정을 갖게 한다면 메타버스 플랫폼은 지속적이고 성공적인 생태계를 갖게 된다.

02
메타버스 가상 오피스
업무 시스템 만들기

메타버스는 이제 모두가 인정하는 메가 트렌드로 자리잡았다. 지금도 메타버스와 관련한 움직임과 기사가 매일 쏟아지고 있다. 일시적 붐이라 여기던 메타버스는, 수많은 기업이 다양한 비즈니스에 적극적으로 활용하고 도입 중이다. 메타버스는 온라인 게임을 좋아하던 MZ세대가 열광하는 놀이 공간이자 새로운 소셜 미디어가 되면서, 글로벌 기업과 브랜드가 메타버스 플랫폼 기업과 앞다퉈 콜라보레이션에 참여하는 협업 마케팅 플랫폼으로 활용되고 있다.

이와 같은 변화는 광고, 마케팅은 물론이고 콘텐츠 개발 및 공급, 신규 비즈니스 검증과 런칭, HR, 교육, 행사에서도 나타난다. 특히 코로나19가 장기화하면서 기업과 조직의 일하는 환경과 문화가 비대면 온라인으로 빠르게 변하면서 더욱 주목받고 있다.

메타버스의 시작은 게임이었고, 그 후 엔터테인먼트로 확장되고 마케팅과 홍보로 확대됐다. 대부분 개인을 대상으로 하는 B2C 영역에 치우쳤었다. 최근에는 이것이 기업을 대상으로 하는 B2B 영역으로 빠르게 확대하고 있다. 재택근무를 포함한 원격근무, 직원 채용과 교육을 책임지는 HR, 기업 행사와 컨퍼런스, 해외 파트너나 지사와의 협업 등 전방위로 접목되고 있다.

메타버스라는 용어는 30년 전에 태어났지만, 그동안 별로 주목을 받지 못하다가 2020년부터 본격적으로 재부상했다. 하드웨어와 소프트웨어 기술이 발전하고 코로나19로 비대면으로 강제 전환되는 시국을 맞으면서 가장 핫한 테마로 등장했다.

비대면 재택근무를 하는 직원들은 1년 이상 줌이나 팀즈 등을 이용하여 온라인으로 회의와 업무를 진행해 왔다. 온라인 화상 도구를 제공하는 솔루션의 숫자가 매우 제한적이라 선택의 폭이 좁았다. 전 세계에서 가장 많은 사람이 사용한 솔루션이 줌이다. 기업과 학교의 약 80%가 줌으로 회의와 업무, 교육 등을 진행한다. 그런데 사람들은 줌 활용에 따른 기능의 부족함과 사용의 피로감을 느끼기 시작했다. 이렇다 할 만한 대안이 부재한 가운데 메타버스가 등장했다.

이번 장에서는 메타버스의 용도 중에서 게임이나 엔터테인먼트는 제외하고, 기업이나 기관 업무에 적용하고 시스템화하기 위한 방안에 집중한다. 지금까지 가장 많이 사용하는 화상회의 솔루션인 줌과 메타버스 가상 오피스인 게더타운, 온라인 협업도구를 망라하여 메타버스 업무 시스템에 적합한 것들을 알아본다. 참고로 온라인 협업도구는 업무에 가장 많이 활용하고 있는 트렐로, 패들렛을 선정했다.

줌(Zoom)

줌이 가진 장점을 정리하면 다음과 같다. 누구든지 간단한 회원 가입으로 이용이 가능하고, 회의에 초대받은 참여자는 회원 가입 절차 없이 회의 주최자가 알려주는 접속 링크나 회의 아이디와 비밀번호만 있으면 바로 입장할 수 있다.

참가자들의 얼굴을 보고, 공유된 자료 화면을 보고, 채팅창을 모두 사용하려면 PC에서 사용하는 게 가장 좋다. 다중 모니터가 있으면 더욱 유용하다. 만약에 외부에 있거나 이동 중에 줌 회의에 참여해야 하는 상황이라면 모바일 앱으로도 참여할 수 있다.

회의 주최자는 간단한 설정으로 회의를 예약하고 진행할 수 있다. 메뉴는 매우 직관적으로 구성되어 사용하기 쉽다. 자료 화면 공유가 가능하여 모든 참가자가 동일한 화면을 보고 회의를 진행할 수 있다.

많은 인원이 동시에 접속할 수 있으며, 무료 계정은 100명까지 가능하고 유료라면 최대 1만 명 이상도 가능하다. 진행되는 회의의 모든 내용을 녹화하여 공유도 가능하다. 녹화는 호스트만 가능하다. 참가자들은 각자의 카메라로 화상 통화를 할 수 있다. 물론 얼굴 크기 정도만 볼 수 있어 바디랭귀지를 읽기에는 한계가 있다. 참가자들은 카메라로 자신의 얼굴과 배경을 보여주는데, 배경을 보여주기가 부담된다면 가상 배경을 사용하여 사생활을 보호할 수 있다.

많은 인원이 모여서 전체 회의나 워크숍, 교육 등을 진행하다가 조별 활동이나 모둠 토의가 필요하면 소회의실 기능을 이용하여 팀별로 나누어 진행이 가능하다. 소회의를 진행하다가 다시 전체 회의실로 다시 모일 수도 있다.

회의를 당장 시작하는 게 아니고, 몇 시간 후나 며칠 후에 하는 경우에 예약 기능으로 회의 시작 시간을 조절하여 예약할 수 있다. 대기실 옵션 기능을 사용하면 호스트가 허락한 사람만 입장할 수 있어 회의에 난입해 방해하는 사람들을 차단할 수 있다.

PC에서 별도의 프로그램이나 앱을 설치하지 않고 클라우드 기반으로 사용하므로 편리하다. 40분간 100명까지는 무료 접속이 된다. 주최자가 유료 회원이라면 초대된 사람들은 유료 회원이 아니어도 장시간 회의가 가능하다.

한편 다음과 같은 단점도 있다. 클라우드 기반이라 보안에 다소 취약하다. 줌이 세상에 소개된 초기에는 줌의 설립자가 중국 출신이고 서버와 DB를 중국에 두고 있어, 중국 정부의 해킹이나 자료 유출 문제가 제기되기도 했다. 그 후 서버와 DB를 미국 내에 두는 것으로 해결했다.

오프라인 회의처럼 참가자들 간의 상호작용이 어렵다. 그래서 잠깐의 잡담이나 스몰 토크에 의한 창의성 발현이 어렵다.

카메라로 얼굴만 보여주어 참가자들이 동일한 현장에 함께 존재한다는 소속감이 낮고 몰입에 한계가 있다. 참가자들은 각자 고정된 좌석에서 움직이지 않고 카메라로 얼굴만 보여주어 단조로움을 느낀다. 장시간 모니터 화면만 바라보기 때문에 쉽게 피곤을 느낀다. 그래서 줌 피로증후군을 겪는 사람이 늘고 있다. 무료 버전에서는 한 번에 최대 40분까지만 가능하다.

게더타운(Gather Town)

줌은 참가자들이 카메라로 직접 얼굴을 보여주는 방식이지만, 게더타운은 자신을 대신하는 아바타가 가상공간에 나타난다. 원하는 위치와 공간에서 마음대로 움직이고 다른 사람과 가까워지면 얼굴을 보고 대화도 가능하다. 게더타운은 스페이스(공간)를 사용하는데, 가상세계에 마련된 2차원 사무실과 같다. 이것을 맵이라 부른다.

게더타운의 장점은 다음과 같다.

간단한 회원가입으로 이용이 가능하고, 마치 2차원 게임을 하는 것 같은 재미가 있다. 초대된 사람이 해당 링크에 접속할 때 간단한 아바타 명과 접속하기 위한 비밀번호만 기재하면 쉽게 참여할 수 있다. 원하는 공간을 만들 때 공적(퍼블릭) 공간과 사적(프라이빗) 공간을 구분할 수 있어 개인 간 대화의 프라이버시도 지킬 수 있다. 마지막으로 딱딱한 화상회의 서비스보다 재미있는 환경과 아기자기한 분위기를 연출한 것이 높은 평가를 받는다.

이용자가 능동적으로 자신의 아바타를 움직이므로 몰입감이 높고 능동적 참여가 가능하다. 카메라로 자신의 얼굴이 노출되지만 아바타로 참여하여 보호막이 생긴 것처럼 편안함을 느낀다. 그래서 상호작용이 가능하다. 얼굴 노출은 상시적으로 되지 않고, 자신의 아바타 주변에 다른 아바타가 가까워지면 작동한다. 평시에는 꺼져 있어 노출 부담이 적다.

자신이 원하는 아바타의 모양과 의상을 선택할 수 있다. 다양한 용도와 목적의 공간을 사용하거나 원하는 대로 공간을 직접 설계하여 만들 수 있다. 개인 용도나 공적 목적에 맞는 공간을 직접 만들어 사용하면 친근감과 몰입을 유도할 수 있다.

게더타운은 게임처럼 상하좌우 방향키를 사용해 아바타를 움직이면서 다양한 가상공간으로 이동할 수 있다. 모임의 목적이나 성격에 따라 캠퍼스, 루프탑, 공원, 운동장, 해변 등 다양한 공간 맵을 제작하여 사용하므로 화상 회의에서 느끼는 지루함을 덜 수 있다. 다른 메타버스 서비스와 달리 가상 오피스에서도 현실 세계의 규칙을 그대로 적용한다는 점이 가장 큰 장점이다.

직접 카메라를 켜고 이야기를 할 수 있으며, 아바타 간의 거리가 멀어질수록 화면이 흐려지고 소리도 점점 작아진다. 거리감에 따라 볼륨이 잘 조절되어 실제 환경에서 대화하는 듯한 느낌을 받는다. 그래서 같은 공간 안에서도 특정한 사람들과 소통할 때, 줌처럼 따로 소회의실을 만들지 않아도 아바타를 움직여 필요한 사람들을 모아 바로 모임을 할 수 있다.

누군가와 대화를 하고 싶으면, 그 사람 옆으로 이동하면 된다.(상호작용 가능) 대화나 회의가 필요하면 즉시 소집이 가능하다.(줌에서는 사전에 해당자들과 확인이나 조율이 필요 ⇒ 신경을 써야 하므로 부담감과 피로감이 증대)

대화가 곤란하거나 자리를 비워야 할 때는 〈컨트롤+U〉를 눌러 '대화 가능 모드'가 아닌 '업무 모드'나 '바쁨 모드'로 돌려 놓으면 된다. 실제 사무실이나 워크숍 장소에 있는 듯한 현장감을 제공하고 게임 요소를 배치하여 다양한 놀이나 이벤트로 재미를 느낄 수 있다.

실제 사무실에서 근무하며 이동하고 대화하는 것과 동일한 UI와 경험을 제공하여 다른 직원들과 동일한 공간에 함께 있다는 소속감이 증대된다. 필요하다면 옆에 있는 사람들 한두 명과 스몰 토크가 가능하다. 자료 화면 공유를 24시간 상시로 할 수 있다.

다른 화상회의 앱과 가장 차별화한 점은 실제처럼 직관적이라는 점이다. 다른 사람과 대화를 하려면 오프라인에서처럼 직접 그 사람 가까이 가면 된다. 그 사람 근처로 가서 일정 거리 안에 도달하면 자동으로 카메라가 켜지면서 대화가 가능해진다. 여러 사람이 일정 범위 내에 모이면 모든 카메라가 켜진다. 대화를 끝내고 다시 거리가 멀어지면 자동으로 카메라와 마이크가 꺼진다.

재택근무 시 급한 상황이 생기면 전화나 메시지를 보내어 답장을 기다려야 하지만, 게더타운 안에서는 자신의 아바타를 그 사람 자리로 이동시켜서 카메라와 마이크가 작동되면 직접 물어볼 수 있어 소통에 편리하고 효과적이다.

실제 사무실처럼 다양한 기능도 갖췄다. 회의실에선 화이트보드 기능으로 한 방에 있는 사람들에게 발표 자료를 공유하면서 실시간으로 피드백을 받을 수 있다. 사무실 앞 게시판에 중요 공지가 걸려 있다면, 그 앞으로 캐릭터를 이동시켜 공지를 확인할 수 있다.

게더타운은 이동이 자유롭고 필요할 때는 언제든지 함께 모여서 얘기할 수 있어서 편하다. 사무실이나 회의 현장에 있는 것 같은 현장감과 재미가 있어서 재택근무를 하면서도 동료들과 더 가깝게 연결되고 상호작용도 높아진 느낌을 갖게 해준다.

게더타운의 단점은 다음과 같다.

PC에서만 사용이 가능하고 모바일 앱은 제공되지 않는다. 넓은 스페이스(공간)를 이리저리 이동해야 하는데, 모바일 화면은 크기가 작아서 사용상 어려움이 있기 때문이다. 줌은 공간과 이동의 개념이 없이 얼굴만 보여주고 대화를 하지만, 게더타운은 넓은 공간을 이동하면서 대화와 상호작용을 하므로 모바일에는 적합하지 않다.

무료 버전은 25명만 가능해서 더 많은 인원이 참가하는 경우에는 유료 버전으로 전환해야 하는 부담이 있다. 예를 들어, 오프라인 사무실처럼 가상공간의 맵을 개발하여 사용하는 경우라면 직원들이 적어도 근무 시간인 하루 8시간 이상 연속하여 사용해야 하는데, 원활한 사용을 하려면 유료회원 전환이 필수이다. 이는 기업에게 비용 부담이 될 수도 있다.

게더타운은 기업, 대학, 중고등학교, 개인 등 다양한 사람이 사용 중인데, 경험한 사람들이 긍정적 반응을 보이고 있다. 게더타운으로 '건국 유니버스'라는 가상공간을 구축해 축제를 연 건국대는 온라인에 꾸며진 캠퍼스에서 킥보드를 타고 돌아다니거나 방탈출 게임을 할 수 있도록 했다. 축제 후 학생들은 "너무 참신했다.", "축제를 기획한 총학생회에 너무 감사하다."는 긍정적 댓글을 달기도 했다.

온라인 협업 도구

줌이나 게더타운이 활발히 사용되기 이전부터 존재하던 온라인 협업 도구가 있다. 그 중에서 트렐로와 패들렛이 많은 사람들에게 유용하다는 평가를 받고 있다. 필자도 오래 전부터 두 가지를 온라인 협업용으로 사용하고 있다.

트렐로

트렐로는 온라인에서 사용하는 업무 관리 및 협업 솔루션으로, 전 세계 수많은 이용자가 애용하는 도구다. 이렇게 훌륭한 도구가 무료이기도 하다. 트렐로는 컴퓨터의 웹에서도 사용하고, 스마트폰용 앱에서도 연동하여 사용할 수 있다.

트렐로가 가진 장점은 너무 많아서 모두 나열하기도 어려운데, 그중에서 중요한 것을 설명하면 다음과 같다.

① 개인과 팀의 협업과 생산성을 높여 준다.

② 아날로그 업무 관리를 온라인 디지털로 변환하여 한눈에 모든 정보를 시각적으로 파악할 수 있다.

③ 작업을 체계적으로 관리하고 효율적인 협업을 돕는다.

④ 워크플로우를 시각화해서 시작부터 끝까지 프로젝트의 개요와 진행을 제공하는 칸반의 원칙을 따른다.

⑤ 빅픽처부터 상세한 내용까지 모든 내용을 트렐로 보드에서 한눈에 확인할 수 있다.

⑥ 초대되거나 공유된 모든 사람이 업무나 프로젝트의 현재 진행 상태를 파악할 수 있다.

⑦ 원활한 협업 환경을 제공한다.

⑧ 무료회원들도 제한 없는 사용 방식을 통해 원하는 대로 트렐로

를 활용할 수 있다.

⑨이메일을 통한 커뮤니케이션이 아니라 모든 작업 상황을 시각적으로 언제든지 파악할 수 있다.

⑩중요한 마감 기한이나 일정을 달력으로 관리할 수 있다.

⑪이용자가 어떤 상황에서든 자신의 팀과 협업이 가능하게 한다.

⑫누군가가 입력하거나 수정한 모든 자료가 실시간으로 업데이트되고 공유된다.

⑬웹 브라우저와 모바일 환경을 모두 지원하며, 오프라인 상태에서도 사용이 가능하다.

⑭이렇게 좋은 도구가 무료다.

⑮구글 드라이브, 드롭박스, 박스 같은 클라우드와 연동하는 기능을 제공한다.

패들렛

전지나 화이트보드 같은 하나의 빈 공간에 많은 사람이 동시에 들어와서 접착식 메모지(포스트잇)를 붙여 내용을 기록하고 공유할 수 있는 브라우저 기반의 웹 애플리케이션이다.

초대자만 로그인을 하고 초대된 사람들은 로그인하지 않아도 공유된 링크 주소로 접속하면, 담벼락 생성, 공유, 포스트잇 게시 등이 가능하다. 회원 가입과 로그인이 어려운 초등학생들도 쉽게 참여할 수 있어 초등학교에서 많이 사용된다.

회의나 교실 수업에서 전지나 칠판에 붙이는 메모지를 웹 브라우저에서 하는 것이다. 메모지를 가지고 붙였다 떼었다 하거나 이리저리 이동할 수 있다. 수업 시간에 할 수 있는 거의 모든 활동이 가능하다. 특히 파일 첨부가 가능하기 때문에 사진을 모으거나 자료를 취합할 때도 유용하게 사용할 수 있다.

담벼락(패들렛): 메모지를 붙일 수 있는 벽 또는 화이트보드로 하나의 가상 작업 공간(파일)이다. 무료 버전에서는 담벼락을 1인당 3개까지 만들 수 있다.

1) 특징

① 이용자가 원하는 종류의 담벼락을 만들 수 있다.

② 담벼락 주소를 공유하면 다른 참가자들은 회원 가입 없이 활동에 참여할 수 있다.

③ 담벼락에 올라온 메모지를 원하는 위치로 옮길 수 있다.

라. 필요시 활동 결과를 pdf 파일로 내려 받을 수 있다.

2) 참가자 사용 방법

① 생성된 담벼락에 + 표시를 누르고 메모지를 작성한다.

② 메모지에 자신의 이름과 내용을 입력한다.(과제를 받는 경우에는 누구인지 알 수 없으므로 제목에 이름을 적어 구분한다.)

③ 필요한 경우에 파일 업로드, 링크 삽입, 인터넷 검색 결과, 사진, 동영상, 목소리 등을 삽입한다.

이제부터 줌, 게더타운, 트렐로, 패들렛을 함께 사용하는 몇 가지 경우를 설정하여 회사나 학교 현장에서 쓸 수 있는 가장 효과적인 메타버스 화상 시스템 구축 방법 세 가지를 소개한다.

1) 회사의 업무나 학교의 수업 같은 활동 기준
- 메타버스 업무/수업 시스템 구축 방법

기업에서는 일상 업무 추진 및 직원 교육과 채용 면접, 아이디어 도출이나 협업 프로젝트 추진용 회의, 회사 소개와 홍보, 회사 행사와 회식 등과 같은 업무나 활동을 한다.

학교에서는 수업 및 실습(실내 및 실외), 체육활동, 학급회의, 운동회 및 입학식과 졸업식 등과 같은 활동을 한다.

위의 활동은 모두 오프라인에서 진행되는 것이다. 그런데 코로나 19 사태로 모든 활동이 온라인 비대면으로 전환됐다. 비대면 전환 초기에는 한 번도 경험해 보지 못한 것이라 무엇을 어떻게 해야 할지 방법을 몰랐다. 하지만 1년 반 이상 지나면서 모든 활동을 비대면으로 진행하는 게 일상화하고 자연스러워졌다.

회사나 학교에서는 줌, 팀즈 등으로 활동을 진행했다. 최근에는 메타버스 플랫폼인 제페토, 로블록스, 마인크래프트, 게더타운 등을 병행하여 활용하는 방향으로 빠르게 전환하고 있다. 제페토, 로블록스, 마인크래프트는 게임과 엔터테인먼트에 특화한 플랫폼으로 행사나 공연도 개최할 수 있다. 하지만 업무나 수업을 할 수 있는 플랫폼은 아니므로 이후의 설명에서는 제외한다. 3차원 가상세계 업무 플랫폼인 스페이셜과 글루도 있지만, 아직은 줌이나 게더타운처럼 누구나 쉽게 접근하여 어려움 없이 사용하는 데 제한이 있다. 그래서 이것들도 제외한다.

줌과 게더타운은 두 가지 면에서 큰 차이가 있다. 카메라를 사용한 얼굴 노출과 아바타의 활용 여부이다.

첫째, 카메라로 참가자의 얼굴을 보는 경우, 줌은 모든 참가자의 얼굴이 항상 노출된다. 물론 이용자의 상황과 선택에 따라 카메라를 끄는 경우도 있지만 이것은 논외로 한다. 게더타운은 다른 이용자들이 근접 거리에 들어 오면 카메라가 작동하여 얼굴을 볼 수 있다. 거리가 멀어지면 카메라가 자동으로 꺼진다. 따라서 자신과 근접 거리에 있는 사람이 없다면 누구의 얼굴도 나타나지 않는다. 이것은 장점일 수도 단점일 수도 있다.

둘째, 아바타 활용 여부의 경우 게더타운만 해당하는데, 아바타는 이용자가 직접 조작하고 이동시키고 원하는 행동을 하도록 한다. 이것은 이용자가 플랫폼 안에서 적극적으로 참여하고 개입하는 행동이다. 그래서 상호작용이 활발해지고 몰입하고 새로운 재미를 느끼고 근접한 사람과 스몰 토크를 할 수 있는 장점이 있다. 어떤 사람이 지금 어느 위치에서 무엇을 하고 있는지도 파악할 수 있다.

이와 같은 차이는 앞에서 설명한 회사와 학교에서 진행하는 여러 활동의 종류에 따라 줌이 좋을 수도 있고 게더타운이 편리할 수도 있다. 필자는 두 가지 도구를 병행하는 것도 추천한다. 각각의 장점을 극대화하고 단점을 서로 보완해 주기 때문이다. 어느 방법이 좋은지에 대한 선택 기준을 정하려면 다음에 설명하는 컴퓨터 시스템 구축 방법을 정확히 이해해야 한다.

2) 메타버스 이용자의 컴퓨터 시스템 기준
– 개인별 최적의 컴퓨터 시스템 구축 방법

줌 활용 시스템

줌을 사용하는 데는 두 가지 방법이 있다. PC의 모니터와 모바일 화면이다. PC의 장점은 큰 화면(2~3개 멀티 스크린도 가능)과 키보드와 마우스를 사용할 수 있어 효율성과 작업성이 좋다. 하지만 실내의 정지된 책상에서만 가능하다. 물론 랩톱이 있어 실외에서도 가능하지만 제대로 쓰려면 정지된 상태를 유지해야 한다. 모바일은 화면이 작고 키보드와 마우스 사용도 안 된다. 하지만 실외에서 이동 중에도 사용이 가능하다.

PC에 모니터가 여러 개 연결되어 있으면 참여자들의 얼굴이 보이는 화면, 공유 자료가 보이는 화면, 채팅창과 참가자 명단이 보이는 화면 등으로 구분하여 사용할 수 있다. 다음 사진은 줌 화면을 3개 모니터로 분리했다. 카메라 화상 화면(왼쪽), 공유 화면(가운데), 채팅창(오른쪽)으로 가장 최적화한 컴퓨터 시스템이다. 모니터가 2개뿐이라면 채팅창은 필요할 때만 활성화 하여 사용해도 된다.

모니터가 한 개이고 여러 사람과 함께 공유 화면으로 공동작업을 하는 경우라면, 1개 화면에 얼굴창과 작업창을 동시에 보는 게 불편하다. 이런 경우에는 누구나 갖고 있는 모바일을 연결하여 얼굴창을 보는 것도 하나의 방법(다음 사진)이다.

게더타운 활용 시스템

게더타운은 PC와 랩톱에서만 사용할 수 있다. 모바일은 지원하지 않는다. 게더타운의 화면은 한 개로 구성되어 줌처럼 분할할 필요가 없다. 따라서 게더타운은 한 개 모니터의 PC(아래 사진 왼쪽) 또는 랩톱(아래 사진 오른쪽)으로 사용하면 된다.

이제부터 줌, 게더타운, 온라인 협업 도구를 모두 사용하는 경우의 컴퓨터 시스템 구성을 설명한다. 여러분이 어떤 디바이스를 소지하고 사용하는가에 따라 여덟 가지 시스템으로 구분했다. 참고로 모바일은 모든 사람이 갖고 있으므로 모든 타입에 추가하는 시스템으로 구성했다.

타입 1 : 3 모니터 PC + 모바일

타입 2 : 2 모니터 PC + 모바일

타입 3 : 1 모니터 PC + 모바일

타입 4 : 3 모니터 PC + 랩톱 + 모바일

타입 5 : 2 모니터 PC + 랩톱 + 모바일

타입 6 : 1 모니터 PC + 랩톱 + 모바일

타입 7 : 랩톱 + 모바일

타입 8 : 모바일

타입 1 : 3 모니터 PC + 모바일

모니터 3개가 연결된 PC라면 줌에서 공유하는 화면, 게더타운 화면 그리고 온라인 협업 도구 화면으로 구성하면 된다. 모바일 줌 화면은 줌 참가자들의 얼굴창을 디스플레이한다.

타입 2 : 2 모니터 PC + 모바일

모니터 2개가 연결된 PC라면 줌에서 공유하는 화면, 게더타운 화면으로 구성한다. 온라인 협업 도구 화면은 줌의 공유 화면으로 사용한다. 모바일 줌 화면은 줌 참가자들의 얼굴창을 디스플레이한다.

타입 3 : 1 모니터 PC + 모바일

모니터가 한 개가 연결된 PC라면 줌에서 공유하는 화면만 사용한다. 게더타운을 함께 사용하는 경우라면 모니터를 반씩 나누어 줌과 게더타운 화면을 사용한다. 창을 전환하면서 줌과 게더타운 화면을 스위칭하여 사용한다. 온라인 협업 도구 화면은 줌의 공유 화면으로 사용한다. 모바일 줌 화면은 줌 참가자들의 얼굴창을 디스플레이한다.

타입 4 : 3 모니터 PC + 랩톱 + 모바일

최상의 시스템이다. 모니터 3개가 연결된 PC에서는 줌에서 공유하는 화면, 줌 채팅 화면, 온라인 협업 도구 화면으로 구성하고 랩톱은 게더타운 화면을 사용한다. 줌과 게더타운 모두 마이크를 사용하는데, 랩톱이 없고 PC만 사용하는 경우, 줌과 게더타운의 마이크를 모두 활성화하면 하우링이 발생할 수 있다. 이런 경우에는 줌의 마이크를 활성화하고 게더타운의 마이크를 비활성화하는 게 좋다. PC와 랩톱이 모두 있으면 PC는 줌 마이크를 사용하고 랩톱은 게더타운 마이크를 분리하여 사용하면 효과적이다. 모바일 줌 화면은 줌 참가자들의 얼굴창을 디스플레이한다.

타입 5 : 2 모니터 PC + 랩톱 + 모바일

모니터 2개가 연결된 PC에서는 줌에서 공유하는 화면과 온라인 협업도구 화면으로 구성하고, 랩톱은 게더타운 화면을 사용한다. PC에서는 줌 마이크를 사용하고 랩톱에서는 게더타운 마이크를 분리하여 사용하면 효과적이다. 모바일 줌 화면은 줌 참가자들의 얼굴창을 디스플레이한다.

타입 6 : 1 모니터 PC + 랩톱 + 모바일

모니터가 1개가 연결된 PC에서는 줌 공유 화면을 사용하고, 랩톱
에서는 게더타운 화면을 사용한다. PC에서 줌 마이크를 사용하고 랩
톱에서 게더타운 마이크를 분리하여 사용하면 효과적이다. 모바일
줌 화면은 줌 참가자들의 얼굴창을 디스플레이한다.

타입 7 : 랩톱 + 모바일

PC가 없고 랩톱만 있는 경우에는 랩톱에서 게더타운 화면을 사용한다. 모바일 줌 화면은 줌 참가자들의 얼굴창을 디스플레이한다.

타입 8 : 모바일

최악의 시스템 구성이지만 외부에 있거나 이동 중에 참여해야 하는 경우라면 최선책이 될 수 있다. 모바일만 가능하므로 줌 얼굴창이나 공유 화면을 활성화한다. 만약에 여분의 스마트폰이 있다면 와이파이로 연결하여 사용해도 좋다.

3) 회사나 학교의 공간 구조 맵 시스템-게더타운 맵 (스페이스) 최적 설계 방법

줌은 가상공간 개념이 없이 화상회의만 진행한다. 따라서 공간 구조 맵은 게더타운을 대상으로 설명한다.

게더타운에서 공간을 사용하는 방법으로 두 가지가 있다. 게더타운에서 개발하여 제공하는 맵과 이용자들이 직접 설계하여 개발한 맵이다. 제공되는 맵은 그대로 사용할 수 있어 맵을 설계하고 개발하는 데 필요한 시간과 노력, 비용이 전혀 들지 않는다. 하지만 공간 구조가 제한적이고 익숙하지 않아 친근감이나 몰입감이 약하다.

공간 구조를 직접 설계하여 맵으로 만드는 것은 시간과 노력과 비용이 들지만, 익숙하거나 원하는 구조이므로 친근감과 몰입감이 높다. 예를 들어 현재 사용하는 사무실이나 학교 공간과 구조, 레이아웃과 똑같은 맵을 사용한다면 직원이나 학생 모두 공간에 대한 거부감이 없고 공간 이동이나 선택이 매우 쉬워진다.

공간구조 맵을 개발할 때 다음의 6단계로 진행하면 효과적이다.

1단계 : 필요한 공간 목록을 작성한다. 회사라면 사무실, 회의실, 휴게실, 교육장, 탕비실, 로비 등이 해당된다. 학교라면 교실, 교무실, 식당, 실내 체육관, 실습실, 도서관, 운동장 등이 필요하다.

2단계 : 필요한 공간의 크기와 구조를 결정한다. 이것은 평면 설계도를 작성하는 과정이다. 예를 들어 임의의 공간을 정사각형으로 할지, 직사각형으로 할지 결정한다.

3단계 : 필요한 공간의 위치와 레이아웃을 결정한다. 전체 공간을 넓은 단층 구조로 할지, 높은 다층 구조로 할지를 결정한다.

4단계 : 공간마다 필요한 오브젝트를 작성한다. 오브젝트에는 책상, 의자, 소파, 테이블 같은 가구와 화분이나 액자 같은 장식품, 화이트보드, 전자 게시판, TV 같은 업무나 회의용 보조도구가 있다.

5단계 : 공간 구조의 레이아웃 디자인을 만들어 전체 설계도를 완성한다. 1~4단계에서 결정하고 완성한 것을 가지고 바닥과 벽, 출입구 등의 공간 설계를 진행한다. 포토숍이나 디자인툴을 사용한다.

6단계 : 게더타운에서 제공하는 맵메이커로 스페이스를 제작한다. 5단계에서 디자인 도구로 만든 바닥과 공간 구조 설계도 이미지를 게더타운 맵메이커로 불러와서 스페이스 작업을 진행한다. 공간 구조가 넓고 복잡하다면 혼자서 작업하기가 무리일 수 있다. 이때에는 여러 사람이 함께 역할을 분담하여 제작하면 된다. 학교에서는 모든 학생이 참여하여 역할과 책임을 나누면 교육상 좋은 효과를 얻고, 학생들은 새로운 것을 배우고 협업하는 방법도 알게 된다.

이때 한 공간에서 다른 공간으로 이동하는 포털의 위치와 개수를 설계하고, 이용자들이 공간에 입장할 때 게더타운 화면에 처음으로 나타나는 지점인 스폰의 개수와 위치 선정, 그리고 아바타가 지나갈 수 없는 벽을 제대로 만들어야 한다. 이렇게 만들고 나면 게더타운 사용에 문제가 없는 공간 구조인지 시뮬레이션하면서 테스트한다. 문제가 발견되면 맵을 수정하고 저장한다. 이런 과정을 반복하여 완벽한 맵이 완성되면 모두에게 공개하고 게더타운을 가동하면 된다.

사용하면서 불편하거나 개선할 점이 나타날 수 있다. 이런 의견과 피드백을 모두 수렴하여 맵을 보완하는 것도 중요하다. 이렇게 사용하다가 특별한 행사나 모임을 개최해야 한다면 새로운 공간 구조를 만들어 추가하면 된다. 특히 여러 레이어로 구성된 전체 공간이 넓고 높아서 복잡하다면, 사이트맵을 만들어 제공하면 이용자들에게 큰 도움이 된다.

학교 공간을 설계하는 경우에는 실제 학교의 조감도를 사용하면 좋다. 학교는 교실, 교무실, 교장실, 교감실, 실내 체육관, 식당, 운동장, 야외 식물원, 정문, 실험실습실, 도서관, 창고, 텃밭 등이 있을 것이다. 이것을 사용하여 게더타운의 맵을 만들면 된다.

복잡한 여러 공간으로 이뤄진 회사나 학교라면, 공간 구조는 10개 이상의 레이어(독립된 공간 맵)로 구성될 것이다. 이때 가장 중요한 것은 포털(한 레이어에서 다른 레이어로 이동하는 통로로 엘리베이터와 유사한 기능을 한다)에 대한 설계다. 어디에 위치해야 편리하게 이동할 수 있는지, 또 몇 군데에 설치하는 게 좋은지 고려해야 한다.

기업	학교
1층 로비	정문
카페	운동장
1층 사무실	1층 로비
2층 사무실	1층 교실(1~2학년)
3층 사무실	2층 교실(3~4학년)
4층 사무실	3층 교실(5~6학년)
루프탑(옥상)	식당
회의실 10개	도서관
휴게실	실험실습실
탕비실/창고	회의실
교육실	실내 체육관
	기타

위와 같이 복잡한 레이어로 구성된 기업이나 학교의 공간에서는 이동이 어렵고 복잡하다. 실제 학교처럼 엘리베이터가 없는 구조물에서는 3층에서 운동장으로 가려면 계단을 따라 2층, 1층, 운동장 순으로 이동해야 한다. 하지만 게더타운에서는 3층에서 운동장으로 바로 이동할 수 있고 포털이 이것을 가능하게 해준다.

포털을 설계하는 데에도 노하우가 있다. 포털을 제대로 설계하지 못하면 이용자들은 공간 이동에 불필요한 시간과 노력을 기울여야 한다. 몰입하기 어렵게 되어 불편과 짜증을 유발한다.

예를 들어 위 테이블의 기업의 경우처럼 10개 레이어가 있는 복잡한 구조라면, 2층 사무실에 있다가 다양한 크기의 회의실이 있는 레이어로 이동할 수 있다. 카페나 루프탑, 교육실 등으로 직접 이동하도록 포털을 설계해야 한다. 그러려면 아래 사진처럼 한 개의 레이어 구조(평면 구조물)에서 다른 10개의 공간으로 바로 이동하는 포털을 적절히 배치해야 한다.

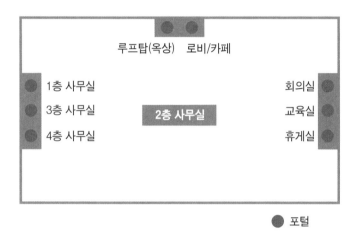

포털의 설계는 공간 구조와 목적에 따라 적절한 위치와 갯수가 필요하다. 가장 좋은 공간 설계는 이용자들이 친근감을 갖고 몰입하여 상호작용을 하고 업무나 수업을 효율적으로 수행하게 하는 것이다.

한 번 만든 공간은 영원불변이 아니다. 이용자들의 피드백과 개선점을 참고로 수시로 업데이트하면 된다.

2021년 8월 제페토에 실제 한강공원과 유사하게 만들어진 '한강공원' 맵이 있는데, 'CU 제페토 한강공원점'으로 오픈했다. 실제 점포처럼 구현하기 위해 CU 제페토 전담 TF팀이 4개월 동안 직접 점포 레이아웃과 집기 및 상품 모델링을 진행했다.

제페토 매장에는 CU에서 실제 판매하는 상품도 진열돼 있다. 기존에 없던 루프탑 테라스가 있고, 카페처럼 테이블과 의자도 비치됐다. 공연이 자주 열리는 한강공원의 특징을 살린 버스킹 공간도 1층에 마련됐다. 이 두 공간으로 인해 실제 한강공원 편의점을 방문한 것 같은 분위기가 연출된다. 매장에서 상품을 손에 쥔 아바타만이 루프탑 테라스에 올라갈 수 있다. 계산 후 외부에서 음식을 먹는 실제 한강공원 편의점 상황을 그대로 재현했다. 즉석 원두커피 기기에서 커피를 받아 의자에 앉은 뒤 한강공원을 구경할 수 있다. 1층에 있는 버스킹 공간에서 악기를 터치하면 아바타가 직접 악기를 연주하는 움직임을 취한다.

기업들이 앞을 다투어 메타버스 속으로 들어가고 있다. 스페이스 설계를 가짜가 아닌 실제 오프라인 매장이나 빌딩과 동일한 구조와 레이아웃으로 직접 설계하여 꾸민다.

— 7부 —

Develop

메타버스 실행
역량 개발하기

01
무한 가상 오피스 근무 전환을 위한
7가지 대응 전략

　메타버스에서 운영되는 사무실을 '무한 가상 오피스'라고 부른다. 코로나19로 많은 사람이 여기서 일하게 될 것이다. 새로운 무한 가상 오피스 환경은 기존의 사무실 근무 환경과 완전히 다르고 더 복잡하다. 그래서 전략적으로 접근하고 창의적인 솔루션을 찾아야 한다.

　코로나19 발생 이전까지 전 세계의 국가와 조직은 전통 조직 구조, 기업 문화, 업무 규칙과 프로세스, 직원 관리, 기술 혁신, 비즈니스 기회 창출, 경쟁 전략 등을 수십 년에 걸쳐 발전시켜 왔다. 그런데 오늘날의 무한 가상 오피스 근무 환경은 전혀 다르다. 점진적이고 연속적인 진화가 아니고 별안간 다가온 빅뱅이다. 사무실 근무에서 재택근무로의 전환은 정부 주도의 법적 조치 또는 건강 및 안전 문제 때문이기에 경영진의 전격 결정으로 이뤄졌다. 그런데 일하는 방식과 기업 문화에 따라 경영진, 리더, 일반 직원 모두가 그것에 대한 의견이

천차만별이다. 이러한 모든 요인 때문에 '재택근무에서 무한 가상 오피스 근무 환경으로의 전환'은 단순히 직원들을 사무실로 복귀시키는 일보다 훨씬 더 어렵고 복잡하다. 조직 문화, 업무 절차, 인적 자원 정책 등 조직 전체의 급격한 변화이기 때문이다. 따라서 리더와 경영진은 무한 가상 오피스 근무 전환을 위해 아래의 일곱 가지 대응 전략을 이해하고 준비해야 한다.

대응 전략 1. 메타버스 도입 및 활용 전략 개발

메타버스 근무 환경 변화에 관해 전문가의 의견을 구해야 한다. 메타버스는 기존의 IT와 다른 환경이자 기술이다. 기술이 무엇이고 어떻게 활용하는 게 최선인지에 대한 통찰력을 얻으려면 해당 분야의 전문가 도움을 받아야 한다. 그래서 메타버스 무한 가상 오피스를 어떻게 구축하고 활용할지 기술 기반 관점에서 접근해야 한다.

대응 전략 2. 무한 가상오피스 설계안 개발

원하는 미래의 무한 가상 오피스 업무 환경과 기업 문화에 관한 비전과 목표를 개발해야 한다. 미래의 무한 가상 오피스 근무 환경에 관한 비전을 개발하는 건 리더의 몫이다. 해당 비전은 미래 문화와 근무 환경 설계를 위한 지침이 되기 때문에 중요하다.

대응 전략 3. 무한 가상 오피스 근무 원칙 개발

직원의 업무 방식과 가상 오피스 사용 규칙을 명확하게 정의해야 한다. 명확하고 이해하기 쉬우며 논란의 여지가 없는 규칙을 마련하면, 각 직원의 무한 가상 오피스 근무를 효과적이고 공정하게 관리될 수 있다. 경영진은 일관된 방식으로 무한 가상 오피스 업무 요건의 원칙을 구축하고 개발해야 한다.

대응 전략 4. 경영진과 임원을 위한 체계적 교육 실시

재택근무에서 무한 가상 오피스 근무 환경으로의 전환은 많은 리더가 직면한 큰 조직적 변화이자 도전 과제일 것이다. 변화 관리, 의사결정, 대화법에 관한 공식 교육은 경영진과 임원들이 무한 가상 오피스 비전을 제대로 구축하고 직원들을 리드하는 데 도움을 줄 수 있다. 경영진이 무한 가상 오피스 비전을 구축하는 방법과 운영법에 관해 적절한 교육을 받아야 한다. 그런 후에 전체 직원을 대상으로 순차 교육이 이뤄져야 한다.

대응 전략 5. 무한 가상 오피스 정책 개발

무한 가상 오피스 정책과 관련한 모든 관리 수준에서 일관성, 지속적 커뮤니케이션, 공통 메시지 전달 및 실행은 필수다. 운영 정책을 먼저 개발한 후에는 모든 관리자와 직원에게 알리고 공유해야 한다.

대응 전략 6. 메타버스 HR 시스템 개발

모든 조직적·기술적 이니셔티브와 동일하게 무한 가상 오피스 근무 환경 정책도 성공 여부와 실행 정도를 측정하고 평가해야 한다.

또 조정해야 할 부분을 파악하기 위해 직원들의 지속적인 피드백이 필요하다.

재택근무에서 무한 가상 오피스로의 전환은 강력하고 잘 조직화된 HR 시스템을 갖출수록 성공할 확률이 커진다. 다른 주요 이니셔티브와 마찬가지로 HR팀의 적절한 교육, 멘토링, 지원에 시간과 비용을 투자한다면 긍정적 결과를 얻을 수 있을 것이다.

대응 전략 7. 직원 건강 유지 프로그램 개발

직원들의 건강을 챙기기 위한 루틴을 개발하여 실행해야 한다. 운동하지 않으면 생각도 몸도 빨리 늙는다. 직장인과 학생은 의자에 앉아서 많은 시간을 보내는데, 몸을 움직이는 활동량이 절반 이하로 내려가 그만큼 몸 전체의 균형이 깨지기 쉽다. 신체 활동 부족은 건강과 직결되어 업무 성과나 학업 성적에 직접 영향을 준다. 미국대학스포츠의학회(ACSM)가 실시한 설문 조사 결과에 따르면, 직장인의 60%가 운동한 날 업무 효율이 향상되어 마감을 더 잘 지킬 수 있었다고 답했다. 41%는 운동한 날 근무 의욕이 더 생겼다고 한다.

재택근무로 소통이 줄어 운동량과 스트레스 해소 기회가 동시에 줄었다. 이것을 해결하기 위한 최선의 방법은 운동 시간을 정해 반드시 움직이는 것이다. 무한 가상 오피스에 오전, 점심, 오후 세 번 정도 접속해 있는 직원이나 학생들이 스트레칭이나 운동을 하도록 버추얼 짐(Gym)을 운영하면 좋다. 개인이라면 스마트폰에 스트레칭이나 운동용 앱을 설치하여 따라하는 것도 좋다.

02
메타버스 무한 가상오피스에서 필요로 하는 10가지 인재상

　오프라인 사무실과 무한 가상 오피스의 일에 대한 철학과 일하는 방식을 비교하면 달라진 게 많다. 사무실 근무에서는 수직 위계와 명령이 지배적이다. 상사나 동료들에게 보여주기식 업무가 어느 정도 효과가 있고 인정받았다. 하지만 비대면 메타버스 세계에서는 위계가 사라진다. 말로만 하거나 얼굴 보여주기식이 아닌 실질적 업무 성과로 증명해야 한다. 미래에는 자기주도적이고 창의적이며 혁신적인 생각과 업무 역량을 가진 사람이 인정받는 시대가 된다.

　메타버스 무한 가상 오피스에 필요한 사람을 열 가지 인재상으로 구분하여 정리했다.

1) 창의적인 사람(Creative Human)
: 창의성이 요구되는 비반복적 업무 증가로 사람 중심이 된다.

지금까지 회사는 업무를 자동화하는 데 초점을 맞추었고, 이를 위한 기술 개발에 최대한의 노력과 투자를 기울였다. 업무 자동화는 반복된 일을 대상으로 해왔는데, 미래에 반복 업무는 업무 자동화의 대상이나 영역으로 점차 줄어들 것이다. 미래에 반복 업무는 더욱 빨리 자동화하여 비반복이면서 창의적인 업무 중심으로 바뀔 것이다.

비반복 업무란 기계가 아닌 사람만 할 수 있는 것으로, 이를 제대로 수행하려면 비즈니스에 관한 문제를 분석하고 원인을 찾아 창의적 솔루션을 만들어 실행해야 한다. 새로운 발견이나 상상력, 혁신, 창의성 등에 관한 업무나 분야는 미래로 갈수록 더욱 중요해지고 확대될 것인데, 이는 비반복적인 것으로 자동화가 불가능하다.

따라서 미래에는 기계보다 사람이 중심이 되고, 그 중에서도 창의적이고 능력 있는 사람이 더욱 가치 있게 여겨져 우대받을 것이다. 무한 가상 오피스 시대에는 창의적인 사람이 더 필요하고 그만큼 몸값도 높아질 것이다.

2) 온라인 협업자(On-line Collaborator)

: 애드혹(Ad Hoc: 특별한 목적) 업무를 위해 불특정 다수가 스와밍(Swarming: 집단화)하여 온라인 협업 중심으로 된다.

코로나19 사태 이전까지 기업들이 앞을 다투어 도입하던 것이 스마트워크였다. 스마트워크가 적용되는 대상이나 분야로 여러 가지가 있지만, 그 중에서 크게 두 가지에 치중해 왔다. 하나는 사무실 근무가 아닌 원격근무 방식으로의 전환이고, 다른 하나는 온라인 협업을 위한 클라우드 컴퓨팅의 도입이다.

지금까지는 주로 정형화하거나 정해진 업무를 위주로 했지만, 미래에는 새롭거나 예상치 못한 일이 대거 발생할 것이다. 이를 효과적으로 수행하기 위해 새로운 팀을 구성하여 협업해야 한다. 이때의 구성원들은 같은 사무실에 근무하는 사람이 아니고, 재택근무나 서로 다른 지역에 있는 사람들이 주를 이루므로 온라인 상에서 만나서 협업해야 한다. 즉 애드혹 업무를 위해 서로 다른 지역에 있는 불특정 다수의 전문가들이 스와밍하여 무리 지어 팀을 구성하게 된다. 나중에 업무가 종료되면 다시 각자의 위치로 뿔뿔이 흩어지고, 또 다른 업무를 위해 새로운 무리를 만들게 된다. 그런데 이런 무리에 끼이려면 개인의 능력과 스킬을 극대화해야 한다. 따라서 무한 가상 오피스에서 온라인 협업을 창의적으로 할 수 있는 전문성을 가진 사람이 기회를 잡게 될 것이다. 온라인 협업 방법과 도구를 자유자재로 사용하는 사람들이 선호된다.

3) 소셜 네트워커(Social Networker)

: 소셜 인맥이 더욱 중요하게 부각한다.

앞에서 설명한 애드혹 업무를 위한 스와밍을 위해 함께 참여할 구성원을 선발할 때, 기존에 안면이 있거나 가까이 있는 사람 위주에서, 어디에 있든 관계 없이 해당 업무에 가장 필요하고 전문성을 가진 사람 중심으로 바뀐다. 그런데 이런 사람들은 오프라인 인맥보다 온라인 인맥, 소셜 인맥을 통해 교류하고 움직인다.

소셜 인맥은 SNS와 소셜미디어에서 활발히 활동하여 자신의 전문성과 브랜드를 널리 알리고 있는 사람들간에 더욱 긴밀히 연결되므로, 미래의 업무는 어느 특정 기업에 소속된 사람만이 아니라 다른 조직에 속하거나 프리랜서로서 전문성을 가진 사람들이 더욱 많은 기회를 얻을 것이다. 따라서 페이스북이나 트위터, 링크드인 등을 적극적으로 활용하여 자신이 무엇을 잘하고, 어느 분야에 경험과 전문성을 가지고 있는지 알리고 소통해야 한다.

미래에는 개인의 전문성과 소셜 자본(Social Capital)을 많이 가진 사람이 우대받을 것이다. 최근 로블록스, 마인크래프트, 제페토, 이프랜드 같은 메타버스를 통한 3차원 가상 네트워킹이 대세다. 새로운 것을 거부하거나 외면하지 않고 적극적으로 관심을 두면서 사용해야 한다. 익숙해져야 거기서 새로운 기회를 만들 수 있다.

4) 협업 전문가(Collaboration Expert)

: 집단 창의성을 추구하는 업무가 증가한다.

지금까지는 사무실에서 자신만의 업무를 수행하면서 필요한 자료와 정보, 리소스 등을 쉽게 획득할 수 있고, 누군가의 도움이 필요하면 쉽게 받을 수 있었다. 하지만 무한 가상 오피스를 위한 원격근무가 본격화하면 전혀 다른 상황으로 바뀐다. 예를 들어 다른 지역에 있는 누군가의 도움이 필요해도 빠르고 쉽게 얻기 어렵게 되며, 별다른 대가를 지불하지 않고 얻을 수 있는 상황이 되지 않는다. 결국 공식적으로나 개인적으로 그들의 협력을 요청해야 하고, 이렇게 구성된 사람들이 머리를 맞대어 좋은 아이디어를 찾는 집단 창의성을 실현하는 업무가 급격히 증가할 것이다.

그런데 집단 창의성은 단지 여러 사람이 모였다고 해서 저절로 얻어지는 것이 아니다. 특히 온라인에서 만나 협업하는 경우라면 의견 교환이나 소통이 더욱 어렵다. 의견 대립이나 갈등도 긍정적이고 발전적인 방향으로 풀어 내기가 쉽지 않다. 경우에 따라서는 양방향 열린 소통이 부재하여 오히려 대립이나 오해로 갈등이 증폭되기도 쉽다. 무한 가상 오피스에서 협업으로 집단 창의성을 얻으려면 의지나 생각만으로는 어렵고, 이것을 극대화할 방법과 도구가 함께 마련되어야 한다.

5) 프로세스 크리에이터(Process Creator)

: 프로세스화 능력이 최대한 요구된다.

미래에 반복 업무를 자동화하는 것은 RPA(Robotic Process Automation)처럼 로봇으로 대체된다. 즉 정형화한 업무는 빠르게 줄고 비반복 업무가 늘어난다. 비반복 업무를 제대로 수행하려면 이것을 체계적으로 할 수 있는 또 다른 프로세스가 필요하다. 기존에 사용하던 프로세스로는 유효하지 않으므로 비반복 업무에 적합한 새로운 프로세스를 개발해야 한다. 그런데 이런 프로세스 개발은 다른 누군가가 대신할 수 없다. 왜냐하면 그들은 비반복 업무에 정통하지 않고 전문성도 없기 때문이다. 결국 그런 업무를 수행하는 자신이 직접 프로세스를 만들어야 한다.

이렇게 만든 프로세스는 해당 업무가 종료되면 더 이상 유용하지 않는데, 또 다른 비반복 업무에 이 프로세스를 활용할 수 없기 때문이다. 결국 미래에는 무한 가상 오피스에서 필요한 다양하고 새로운 업무에 최적화한 프로세스를 스스로 개발하고 사용하는 프로세스 크리에이션 능력을 가진 사람이 인정받게 될 것이다.

6) 혁신가(Innovator)

: 새로운 것에 자발적으로 도전하는 혁신가 집단의 등장

하루가 다르게 급속히 변하는 업무 환경과 비대면화, 이에 따른 신기술과 디바이스의 출현으로 기존의 패러다임이나 기술은 급격히 구식이 되고 있다. 기업 입장에서는 항상 새로운 변화를 시도하고 도입하는데, 개인은 이런 변화에 강하게 저항하거나 따라가는 데 급급하다. 이런 식으로 남의 뒤만 쫓아서는 제대로 인정받기 어렵고, 더 나은 기회를 얻을 수도 없다.

이에 반해 새로운 변화나 신기술이 나타나면 누구보다 먼저 적극적으로 수용하고 체득하는 극소수의 사람들이 있다. 이들이 바로 혁신가이다. 이들은 남들보다 앞선 생각과 행동으로 새로운 변화를 리드하고 비즈니스 기회를 선점한다. 하지만 지금 주변에 있는 것도 제대로 활용하기 어려운데, 새로운 것은 더욱 하기 어렵다고 불평하는 사람들은 뒤처질 것이다.

메타버스는 새로운 세상이다. 결국 세상의 모든 것에 강한 호기심을 갖고 촉각을 세워 접하고 경험하여 자신만의 무기로 만들어야 차별화한 경쟁력을 가질 수 있다. 이것이 쉽지 않겠지만 그런데도 혁

신하고 도전하는 용기를 가진 사람만 인정받고 기회를 얻을 것이다.

7) 전략적 사고가 (Strategic Thinker)

: 전략적 사고를 통한 업무의 증가

시간이 지날수록 미래에 대한 예측은 더욱 어려워진다. 불확실성과 리스크가 커진다는 말이다. 이런 상황에서 올바른 의사결정을 하고 목표로 하는 성과를 얻으려면 전략적 사고로 무장해야 한다. 그렇지 않으면 실패로 향하는 결과를 얻을 것이다. 여기서 전략적이라는 것은 정보가 부족하거나 불확실한 가운데서도 필요한 정보나 트렌드, 통찰력을 얻기 위한 접근법을 말한다. 전략적으로 사고하여 업무를 수행해야 경쟁에서의 우위를 점할 수 있다.

전략적 사고는 거시적 안목부터 시작하여 점차 미시적이고 세부적인 생각과 분석으로 연결되는 프로세스화를 의미한다. 전략적 사고를 하려면 전략이 무엇이고 전략을 어떻게 만드는지에 대한 방법과 도구를 가져야 한다. 전략적 사고는 누구나 학습과 훈련을 하여 체득할 수 있다. 전략적 사고는 큰 그림과 디테일을 동시에 생각하고 바라보고 그것에서 미래를 관통하는 통찰력을 추출해 내는 능력이다. 무한 가상 오피스 시대에는 전략적 사고를 하는 사람이 그렇지 못한 사람을 이기고 지배하게 될 것이다.

8) 인사이트와 시나리오 개발자 (Insight & Scenario Developer)

: 데이터와 패턴 분석을 통한 인사이트와 시나리오 개발 능력 요구 증대

치열한 비즈니스 전쟁에서 승리하려면 고객의 요구와 시장의 미래 트렌드를 정확히 파악해야 한다. 고객의 요구 파악을 위해 서베이나 인터뷰를 하는데, 이때 수많은 데이터가 모인다. 데이터 그 자체로는 단지 숫자나 문자로 아무런 의미가 되지 않는다. 중요한 것은 이런 데이터에서 데이터의 신뢰성과 함께 정확한 고객의 요구와 인사이트를 찾아내는 것이다. 또 미래 트렌드의 변화를 읽고 분석하여 예상 가능한 몇 가지 시나리오를 개발해야 한다. 이처럼 데이터와 패턴을 수집하고 분석하기 위해서는 통계 지식과 스킬이 필요하고, 분석 결과에서 인사이트를 찾고 시나리오를 개발할 수 있어야 한다. 이런 역량을 개인이 체득해야 하는 이유는 수시로 바뀌는 고객의 요구와 비즈니스 트렌드에 따라 언제든 새로운 데이터와 패턴을 모으고 분석하여 필요한 인사이트와 시나리오를 개발해야 하기 때문이다. 따라서 미래의 리더는 인사이트와 시나리오 디벨로퍼가 돼야 한다.

9) 울트라 멀티 플레이어(Ultra Multi Player)
: 울트라 멀티 플레이어의 등장

지금까지는 한 가지 분야에 정통하고 전문성을 가지는 것으로 충분했다. 하지만 미래에는 서로 다른 분야 간의 융합이나 통섭이 일반화하여 한 분야만 다루어서는 부족해진다. 자신만의 전문 분야를 기본으로 지식과 경험의 범위를 또 다른 분야로 확대해야 한다. 때로는 전혀 무관하고 생소한 분야도 접목할 수 있어야 한다. 예를 들어 메타버스 시대에는 누구나 소셜 네트워크나 스마트워크 도구를 기본적으로 다룰 수 있어야 한다. 그래서 미래에는 다양한 분야에 모두 정통할 수 있는 울트라 멀티플레이어가 되는 것이 좋다.

지금도 지식과 정보의 과부하로 지치는데, 갈수록 이런 과부하는 더욱 증대할 것이다. 여기서 살아 남으려면 산더미 같은 정보의 홍수 속에서 유용하고 필요한 정보를 선별하고 판독하여 활용할 수 있는 능력을 키워야 한다. 미래 업무를 능히 수행하고 목표 이상의 성과를 얻으려면 무엇이든 할 수 있는 울트라 멀티플레이어가 돼야 한다.

10) 로우프 워커(Rope Walker)
: 업무와 생활의 줄타기에서 균형을 잘 잡는 사람

메타버스 환경이 되면 업무는 언제 어디서든 수행할 수 있다. 이 것은 가정에 있는 시간에도 업무가 병행되어야 함을 의미한다. 따라서 업무와 가정 생활 또는 개인 생활의 경계가 사라지게 된다. 때로는 종일 깨어 있는 동안 업무만 할 수도 있다. 이로 인해 지금보다 더 심각한 업무와 생활 간의 불균형이 일어날 것이다. 마침내 가정이나 개인이 심각한 피해를 입을 수 있다. 그러므로 업무와 생활 간의 줄타기에서 균형을 잘 잡아야 한다. 하루 계획을 세우고 이에 맞추어 실천해야 균형 잡힌 삶을 영위할 수 있다. 자기관리나 자기계발을 소홀히 하거나 실패하면 개인 경쟁력은 급격히 저하되어 실패자로 전락할 수도 있다. 미래 업무 환경의 변화에 효과적으로 대비하려면, 지금부터라도 업무와 생활 사이의 균형을 잘 잡는 연습을 하고 그것을 습관으로 만들어야 한다.

03
복잡한 문제해결 생태계를
구축하는 방법

　개인이나 조직은 매 순간 문제를 만나는데, 그럴 때 문제를 슬기롭게 해결해야 한다. 문제를 해결한다는 것은 문제를 해결하기 위한 여러 가지 해법 중에 하나를 선택하여 실행하는 것이다. 따라서 문제해결이란 올바른 선택을 하는 것이다. 어떤 선택을 하느냐에 따라 문제해결의 결과가 완전히 달라진다. 좋은 선택을 하면 좋은 결과로 이어질 것이고, 나쁜 선택을 하면 반대로 될 것이다.

　그러면 어떤 문제를 만날까? 경제 문제, 정치 문제, 법적 문제, 기술 문제, 사회 문제, 제도 문제, 인적 문제 등 만나는 문제는 매우 다양하다. 만나는 문제의 종류나 대상은 서로 다르겠지만, 그것을 해결해 나가는 방법으로 유사한 절차나 도구가 사용된다. 기업이나 조직에서 문제해결을 하는 가장 빠르고 효과적인 방법은 회의를 하는 것이다. 그러므로 문제해결과 회의는 불가분의 관계다. 그런데 우리가 지금 하는 회의 방식과 현실은 어떠한가?

우리는 함께 어울려 살아가야 한다. 혼자 하는 것보다 함께 할 때 더 좋은 결과가 생긴다. 하지만 여기에 조건이 있다. 함께 잘 어울리지 못하여 소통이 일방적이 되고 불협화음이 일면, 불화와 갈등으로 인해 오히려 혼자 하는 것만 못하게 된다. 조직에서는 매일 수많은 문제가 발생하고 이를 해결하기 위한 회의가 열린다. 문제해결 회의는 다양한 이해 관계자들이 한자리에 모여 공통의 주제나 이슈를 깊이 있게 다루고 토론하여 최선의 실행 방안을 찾는 것이다. 그런데 이런 목표를 쉽게 달성하지 못하는 게 현실이다.

문제해결은 기업이나 조직 성장에 매우 중요하다. 기존의 문제를 해결하고 새로운 목표를 달성할 수 있기 때문이다. 그런데 과거에는 보통의 문제해결로 충분했지만, 미래에는 여러 분야나 영역의 문제가 서로 연결되고 얽혀 복잡한 문제로 발전하므로 복잡한 문제해결이 필요해진다. 2015년 다보스 세계경제포럼에서는 복잡한 문제해결이 4차 산업혁명 시대에서 중요한 다섯 가지 미래 역량 중 하나임을 선언했다. 그러면 복잡한 문제해결을 어떻게 하여 효과적인 결과를 얻을 수 있을까?

그러기 위해서는 복잡한 문제해결을 구성하는 요소와 해결 방법을 체계화하는 작업이 필요하다. 필자는 30년 이상 복잡한 문제해결을 직접 수행하거나 이것이 필요한 기업과 조직을 돕고 있다. 그 과정에서 얻은 경험과 사례, 노하우를 망라하여 복잡한 문제해결 생태계(Complex Problem Solving Ecosystem)를 만들었다.

복잡한 문제해결을 할 때 모든 문제를 일시에 해결하려다가는 오히려 실패할 수 있게 된다. 가장 효과적인 문제해결의 첫 출발은 문제를 분석하여 작은 규모로 나누는 것이다. 이렇게 나눈 작은 문제들 중에 가장 중요하고 시급한, 우선순위를 가진 문제를 선별하여 해결하면 된다. 순차적으로 하나씩 해결해야 문제가 해결된다. 엉킨 실타래를 풀기 위해 한 가닥씩 풀어야 하는 것과 같은 이치이다.

복잡한 문제해결 생태계는 세 가지 요소로 구성된다. 목표 선정 시스템, 목표 달성 시스템, 라이프 혁신 시스템이다.

1) 목표 선정 시스템

문제해결을 위한 대상과 목표를 정하는 시스템이다. 문제해결에서 우선순위를 가진 문제가 어떤 것인지 잘 가려내야 한다. 그래서 정확하게 문제를 포착해 내는 역량이 핵심이다. 이것은 세 단계로 진행되는데, 현재 상태에서 크고 작은 문제들을 분석(As-is)하고, 그 중에서 우선 해결해야 할 문제들을 선정(Target)하고, 마지막으로 선정된 문제들을 해결하여 얻고자 하는 목표를 설정(To-be)하는 것이다. 문제를 빠르고 정확히 포착하면서 우선순위를 정하는 역량이 중요하다.

2) 목표 달성 시스템

해결해야 할 문제를 선정했으면, 다음 단계는 문제를 해결하는 단계다. 여기서는 문제해결 역량이 핵심이다. 문제해결을 잘하려면 전략적으로 접근하고 분석하여 진행해야 한다. 이 단계를 목표 달성 시스템이라고 부른다. 문제해결은 단번에 완료되지 못하여 시행오차를 겪으며 반복하는 경우가 대부분이다.

문제해결은 지속적인 개선이기도 하다. 미국의 통계학자 에드워드 데밍이 품질 개선 방법으로 개발한 PDCA 기법이 있다. 표준 베스트 프랙티스 방법으로 개선과 혁신을 위한 계획 수립(Plan)부터 시작하여 계획을 실행(Do)하고, 실행 단계에서 수집된 자료를 평가(Check)하고, 긍정적 결과와 부정적 결과를 구분하여 개선(Act)하는 사이클을 반복하는 것이다.

계획 단계에서는 문제 인식을 위한 자료를 수집하고 분석하여 개선 계획을 만들고 계획을 평가하기 위한 기준을 설정한다. 실행 단계에서는 앞에서 만든 계획을 실행하고, 그 과정에서 어떤 변화가 발생했는지 문서화 평가를 위해 체계적으로 자료를 수집한다. 점검 단계는 실행 단계에서 수집한 자료를 평가하고, 계획 단계에서는 설정된 목표와 결과가 얼마나 부합하는지 확인한다. 개선 단계에서 성공적 결과는 새로운 방법으로 표준화하고, 부정적 결과는 계획을 수정하고 공정을 재검토하여 새로운 계획을 수립할 때 반영한다.

데밍의 PDCA 방법이 목표 달성 시스템에 동일하게 적용된다. 문제와 목표를 선정하고 문제를 해결하면, 다시 새로운 문제와 목표를 선정하고 해결하는 과정을 반복해야 한다. 이 사이클은 해결해야 할 문제가 모두 제거될 때까지 진행된다. 사이클을 최소화하고 소요 시간과 노력도 최소화하는 게 문제해결 역량과 반비례한다.

3) 라이프 혁신 시스템

라이프 혁신 시스템은 두 가지 변화 사이클, 곧 개인과 세상으로 구성된다. 먼저 왼쪽에 있는 '변화하는 당신 사이클'은 앞에서 설명한 두 가지 시스템을 수행하면서 개인의 문제해결 능력이 향상하는 것이다. 하나의 문제를 해결하면 또 다른 문제를 선정하여 해결하는 과정을 반복하면서 자신이 성장하고 변화한다. 오른쪽에 있는 '변화하는 세상 사이클'은 새로운 기술의 발전과 사회 변화로 세상이 끊임없이 변화할 때 이에 효과적으로 대응하여 변화의 트렌드와 통찰을 발견하고 현실에 적용하는 것이다. 또 현실을 혁신하여 문제를 해결하는 사이클을 반복해야 한다. 이 시스템에서는 자기성장 역량이 핵심이다. 이는 변화하는 세상과 자신의 역학 관계를 의미하는 것으로, 내가 어떻게 하느냐에 따라 세상을 지배할 수도, 세상에 지배 당할 수도 있다.

문제해결 방법론(전략)에는 크게 네 가지가 있다. 에드워드 데밍이 개발한 'PDCA', 필자가 한국식으로 개발한 '2A4 문제해결', 도요타에서 개발한 'A3 씽킹' 그리고 GE에서 개발한 '타운미팅'이다.

문제가 아닌 것을 문제로 착각하면 삽질을 하게 된다

복잡한 문제해결의 대표 성공 사례는 테슬라를 만든 일런 머스크다. 그는 남들이 어렵다거나 불가능하다고 하는 대상을 찾아 그들과 다른 방식으로 생각하고 접근해서 문제를 해결한다. 그가 이루어낸 여러 성과를 잘 분석해 보면, 그가 '발명의 천재'가 아니란 것을 알 수 있다. 그가 만들어낸 모든 제품은 이미 존재하던 것을 개선한 것이다. 머스크는 우주선이나 로켓을 처음 만든 사람이 아니다. 전기자동차를 처음 만든 사람도 아니다. "최고급 전기 스포츠카를 만들어 히트시키고, 다음에는 고급 전기차, 그 다음에 보급형 전기차를 만든다."라는 전략은 그가 만든 게 아니다. 테슬라 자동차를 설립한 두 명의 엔지니어 마틴 에버하드와 마크 타페닝이 세운 것을 초기에 투자자로 참여했다가 나중에 인수한 것이다.

일런 머스크는 문제를 잘못 인식하여 삽질한 사례를 한 인터뷰에서 고백했다. 그가 설명한 내용(다음 참고)은 우리에게 복잡한 문제해결을 제대로 하는 방법이 무엇인지 깨닫게 해준다.

테슬라 모델3(위 사진)의 배터리팩 위를 덮는 유리섬유 매트가 있었어요. 풀팬(full pan)과 배터리 사이에 들어가는 부품이었죠. 그런데 그것 때문에 생산라인 전체가 느려지고 있었어요. 저는 그때 배터리 공장의 생산라인에서 살다시피하고 있었기 때문에 그걸 고치자고 했죠. 모델3 생산라인 전체가 그 매트 때문에 밀리고 있었으니까요.

제가 했던 첫 번째 실수는 자동화 부분을 고치려고 했던 겁니다. 제조용 로봇을 더 낫게, 더 빠르게 만들고, 동선을 줄이고, 토크를 키우고, 불필요하니 볼트의 역방향 720도를 없애고… (긴 설명) 애초에 자동화 자체도 실수였는데, 그걸 또 빠르게 하는 실수를 저질렀고, 최적화까지 하는 실수를 저지른 겁니다.

그러고 나서야 "그런데 이 매트가 왜 필요한 거지?"라고 질문을 하게 되었습니다. 그래서 배터리 안전팀에 이 매트의 용도가 뭐냐고 물었죠. 이거 혹시 (배터리) 화재방지용인 거냐고 했더니 그 사람들이 "아, 그 매트는 소음과 진동을 막으려고 있는 거."라고 하더라고요. 그래서 제가 "그런데 당신들은 배터리 팀이 아니냐?" 하고는 소음과 진동 분석팀에 가서 그 매트의 용도를 물었더니 그 사람들은 '화재방지용'이라고 하는 겁니다. 이런 카프카스럽고 골드버그 만화 같은 상황에 갇힌 겁니다.

그래서 유리섬유 매트를 넣은 차와 그렇지 않은 차의 소음과 진동을 비교해 보자고 하고 두 샘플에 마이크를 넣어서 들어봤더니 전혀 차이가 없는 거예요. 그래서 그 매트를 없앴습니다. 2백만 달러짜리 로봇은 완전 넌센스였던 거죠.

일런 머스크가 갖고 있는 문제해결의 5단계를 소개한다.

1) 기술 요구사항을 덜 멍청하게 만들어라

기술 요구사항(requirements)은 반드시 멍청하게 되어 있다. 그 요구사항이 똑똑한 사람에게서 왔을 때 특히 위험한데, 그럴 경우 사람들은 그게 정말로 필요한지 충분히 의심하지 않는다. 누구나 틀릴 수 있다. 사람은, 그게 누구든 상관없이 틀릴 때가 있다. 모든 디자인에는 잘못된 부분이 있다. 얼마나 잘못되었느냐의 문제일 뿐이다. 그러니까 요구사항을 덜 멍청하게 만들어야 한다.

2) 프로세스의 일부를 제거하라

요구사항이 덜 멍청해지면 그 다음에는 프로세스에서 불필요한 것을 없애야 한다. 이건 아주 중요하다. 만약 당신이 제거한 프로세스가 필요한 것이었음을 깨닫고 다시 집어넣는 일이 자주 발생하지 않는다면, 당신은 이 제거 작업을 충분히 하고 있지 않은 거다. 사람들은 '혹시 필요할지 모르니 이 단계를 프로세스에 넣자.'라고 생각하는 경향이 있다. 하지만 그렇게 생각하면 너무나 많은 것이 '혹시 모른다'라는 생각으로 프로세스에 들어간다. 하지만 정말로 필요하면 나중에 다시 넣어도 된다.

또 그 요구사항(requirement)이나 제한사항(constraint)이 어떤 것이든 부서가 아닌 특정 담당자에게서 와야 한다. 부서에게 물어볼 수 없으니 사람에게 물어봐야 한다. 그 요구사항을 당신에게 준 사람은 그 요구사항에 책임을 져야 한다. 그렇지 않으면 2년 전에 인턴 하나가 별 생각 없이 집어넣은 요구사항을 따라야 할 수도 있다. 그 인턴은 이미 퇴사했을 수도 있다. 그리고 그가 일하던 부서는 그 요구사항에 동의하지 않을 수도 있다. 이런 실수는 실제로 몇 차례 일어난 일이고, 어느 부서에서도 일어날 수 있다.

3) 단순화 또는 최적화하라

그 다음이 단순화(simplify)와 최적화(optimize)인데, 이것은 반드시 세 번째 단계에서 해야 한다. 이게 첫 번째가 아니라 세 번째인 이유는, 똑똑한 엔지니어가 하는 가장 흔한 실수가 애초에 존재해서는 안 되는 요소를 최적화하기 때문이다.

왜 그럴까? 누구나 고등학교나 대학교에서 묻는 질문에 대답해야 한다. 수렴화 논리다. 그 질문을 한 교수에게 '질문이 멍청한 것'이라고 했다가는 나쁜 점수를 받으니까 질문에 답을 해야 한다. 그 결과 사람들은 의식하지 못한 사이에 정신적으로 행동 제한 옷을 입고 있어서 그냥 없애야 할 것들에 최적화 작업을 수행한다.

4) 사이클에 걸리는 시간을 단축하라

너무 느리게 진행하면 안 되니 빨라져야 한다. 하지만 앞서 말한 세 가지를 하지 않은 상태에서 빨라지면 안 된다. 만약 지금 하는 일이 자기 무덤을 파는 일이라면 빨리 해서는 안 된다. 당신이 해야 하는 일은 무덤 파는 일을 멈추는 거다. 그런 게 아니면 언제나 시간을 단축할 수 있다.

5) 자동화하라

마지막 단계가 자동화다. 머스크는 이 다섯 단계를 거꾸로 진행하는 실수를 여러 번 했다. 테슬라 모델3를 만들면서도 그런 실수를 여러 번 했다. 자동화한 다음에 단순화했고, 그 다음에 삭제했다.

일런 머스크가 만든 문제해결 5단계는 그가 수많은 실전을 경험하면서 얻은 귀한 교훈이라는 것을 잊지 말자.

효과적으로 문제를 해결하려면 고정관념에서 벗어나 문제를 분석하고 정의해야 한다. 그래야 새로운 방향에서 문제를 해결하는 기발한 아이디어를 찾을 수 있다. 문제라고 해서 모두 같은 것이 아니다. 현재 보이는 문제인지 아직은 보이지 않지만 미래의 어느 시점에서 발생할 수 있는 문제인지에 따라 '해결형 문제'와 '목표형 문제'로 구분된다.

'해결형 문제'는 현재의 문제로, 과거에 발생하여 현재까지 미해결된 상태로 영향을 주는 문제이다. 가시적이거나 확인이 가능한 문제다. '목표형 문제'는 미래의 문제로, 현재는 일어나지 않았지만 미래 어느 시점에 일어날 수 있는 문제(목표와 현실 사이의 간격)이다.

우리는 일상이나 비즈니스에서 항상 새로운 문제를 만난다. 문제란 아직 해결되지 못한 숙제와 같은 것이다. 물론 문제를 만난다고 해서 반드시 해결해야 하는 건 아니다. 어떤 문제는 확실히 해결해야 하지만, 어떤 문제는 무시하거나 뒤로 미루기도 한다. 이는 문제를 가진 당사자의 선택에 따른 것이다.

조직이나 회사에서도 매일 수없이 많은 문제에 직면한다. 개인처럼 적극적으로 해결하거나 무시하거나 뒤로 미룬다. 그런데 조직이나 회사에서는 누가 이런 결정을 할까? 조직의 CEO나 리더, 또는 문제에 관련한 가장 중요한 이해 관계자(Problem Owner)가 문제를 어떻게 다루고 해결할지 결정한다.

사람들은 문제라고 하면 골치 아프거나 피하려 하는 게 보통이다. 그래서 부모는 아이들에게, 회사의 상사는 부하 직원들에게 자꾸 골치 아픈 문제를 만들지 말고 조용히 있으라고 명령한다. 문제에 이런 시각과 반응을 보이는 이유는 문제가 뭔지 정확히 알지 못하기 때문이다. 문제를 새롭게 바라봐서 문제를 새롭게 정의하고, 문제를 체계적으로 분석하여 효과적으로 해결할 방법과 도구를 마련하고 활용할 때 비로소 문제가 해결될 수 있다.

문제란 현재 상황과 바라는 목표 사이의 간격

문제를 막연히 골치 아픈 것이라 정의하면 좀처럼 풀기 어려워진다. 문제를 부정적이고 피하고 싶은 대상으로 여기기 때문이다. 하지만 문제를 현재 상황과 미래에 이루고자 하거나 바라는 목표 사이의 간격으로 정의하면, 자신에게 문제가 있다는 말은 현재 상황을 기준으로 미래에 무언가 이루고자 하는 목표가 있다는 말이 된다. 둘의 간격이 클수록 목표는 더욱 커지므로 작은 목표를 가진 사람은 작은 문제를 풀면 되고, 큰 목표를 가진 사람은 큰 문제를 해결하면 된다. 즉 목표가 클수록 문제도 비례하여 커진다. 만약 누군가가 자신에게 아무런 문제가 없다고 한다면 이건 무슨 의미일까? 앞에서 정의한 것을 기준으로 본다면 문제가 없다는 것은 미래에 이루고자 하는 목표도 없다는 뜻이다.

문제를 지금까지 설명한 새로운 관점으로 이해했다면, 두 번째는 '문제를 어떻게 바라보고 정의해야 하는지'가 중요해진다. 문제를 어떤 방향이나 관점으로 바라보고 정의하는가에 따라 문제를 해결하는 해법도 달라지기 때문이다.

고정관념에 빠진 채 헤어나지 못하는 사람들

대형마트에서 물건을 골라 카트에 가득 싣고 계산대에 줄을 설 때 대기하는 줄이 길면 고객들은 너무 오래 기다려야 한다. 왜 빨리 계산하지 않냐고 마트 직원들에게 불만을 터트릴 것이다. 이처럼 고객들의 불만과 항의가 계속되자 마트의 총괄매니저는 이 문제를 해결하기 위해서 사내에 태스크포스팀(TFT)을 구성하여 1주일 내에 해결하라는 지시를 내렸다. 만약 여러분이 TFT 팀원으로 선정되면 어떻게 할 것인가? 대부분의 조직에서 문제해결을 위한 프로젝트를 시작하면, 첫 단계로 문제가 무엇인지 정의하는 것부터 하기 마련이다. 그러면 여러분은 문제를 뭐라고 정의하겠는가?

위의 문제는 필자가 몇 년간 고객 기업들을 대상으로 수많은 문제해결 교육과 컨설팅을 하면서 참가자들에게 제시하는 사례이다. 참가자들에게 받은 의견은 거의 비슷했다.

"문제는 고객들이 기다리는 줄이 너무 긴 것이고, 그래서 긴 줄이 빨리 줄어들도록 조치를 취할 수 있는 솔루션이 필요합니다."

이렇게 정의 내린 사람들에게 "그렇다면 어떤 해결책이 좋을까요?"라고 질문한다. 그러면 이런 의견이 나온다.

"기다리는 줄을 짧게 하려면, 계산하는 카운터 숫자를 늘려야지요."

"구매 물건이 많은 고객과 적은 고객을 분리하여 카운터를 운영해야지요."

"마트 내에서 이벤트를 열어 기다리는 고객들이 분산되도록 하면 됩니다."

여러분은 위의 답변이 어떻다고 생각하는가? 괜찮은 생각이라고 동의한다면 여러분은 고정관념에 매몰된 것이다. 위의 의견은 고정관념에 머물러 있는 사람들이 주로 내놓는 아이디어이기 때문이다.

고정관념이란 기존에 생각하던 방식에서 벗어나지 못거나(이것을 관성의 법칙이라 한다) 단지 눈에 보이는 것만 보고 판단하는 경향을 말한다. 기존에 가진 생각의 틀에서 벗어나지 못하면 문제를 해결하는 방법도 기존에 하던 방식만 고수할 수밖에 없다.

그렇다면 왜 위의 의견이 좋은 아이디어가 아닌지 살펴보자.

"기다리는 줄을 짧게 하려면, 계산하는 카운터 숫자를 늘려야지요."

기다리는 줄이 길다는 것은 고객 수에 비해 카운터 수가 부족하기 때문일 것이다. 이런 상황이라면 대형마트의 경영진은 행복하다. 손님이 없어 마트가 텅 빈 것보다 낫지 않은가? 하지만 고객 입장에서는 짜증 나는 상황이라 빨리 개선책을 마련해야 한다. 그렇지 않으면 고객들은 다른 마트로 이동할 것이다. 그런데 카운터 수를 늘리는 게

쉽고도 빠른 솔루션일까?

아마도 저 정도의 고객이 붐비는 마트라면 이미 카운터를 설치할 공간이 없을 것이고, 계산원도 풀로 가동 중일 게다. 그럼에도 손님이 워낙 많아서 물리적 방법으로 해결하기 어려울 것이다. 만약 계산대를 추가 설치해야 한다면 새로운 공간을 마련해야 하는데, 현재 건물에서 새로운 공간을 마련할 수 있을까? 건물을 증축하거나 다른 용도로 사용하는 공간을 계산대 공간으로 변경해야 하는데, 그러면 다른 용도의 공간은 어떻게 할 것인가? 이런 아이디어는 근본 해결책이 아니고 임시방편일 것이다. 그 외에도 엄청난 비용을 투입해야 하는데, 큰 금액을 일시에 마련하기도 어렵다.

"구매 물건이 많은 고객과 적은 고객을 분리하여 카운터를 운영해야지요."

이것은 현재 모든 마트가 운영하고 있는 방식이다. 그런데도 이런 아이디어를 주장하는 사람들은 별 다른 문제 의식이나 적극적으로 문제를 해결하려는 의지와 열정 없이 그냥 머리에서 생각나는 대로 말하는 것에 지나지 않는다. 즉 이미 다른 곳에서 적용하는 뻔한 해결책을 마치 새로운 것처럼 강조한다.

"마트 내에서 이벤트를 열어 기다리는 고객들이 분산되도록 하면 됩니다."

이벤트를 여는 순간, 고객들이 이동하여 분산되는 효과를 얻을 수 있다. 그런데 이벤트가 끝나는 순간 고객들이 어떤 행동을 할까 깊이 생각해 봐야 한다. 이벤트가 끝나면 고객들은 일시에 계산대로 이동하고 줄을 설 것이고, 결국 동일한 문제가 발생한다. 이런 아이디어도 근본 해결책은 아니다.

회사나 조직 내에는 이런 방식으로 생각하고 문제를 해결하려는 사람들이 대부분을 차지한다. 그러다 보니 직면하는 다양한 문제를 효과적으로 해결하지 못하고 시간과 비용 낭비만 하며 허송세월을 보낸다.

문제를 바라보는 관점과 방향이 해결책을 결정한다

대형마트의 고객들이 어떤 문제를 갖고 있는지 다시 한번 살펴보고, 새로운 관점에서 문제를 찾아보자.

사진을 다시 보고 분석하니 무슨 문제가 보이는가? 아직도 기다리는 줄이 긴 것만 보이는가? 그렇다면 아직도 고정관념에서 벗어나지 못하는 것이다. 즉 눈에 보이는 것만 보고 있다. 새로운 관점으로 들어가는 방법은 긴 줄이 아니고 사람들의 표정과 머리 속 생각을 바라보는 것이다. 이런 관점으로 사진 속 고객들을 보니 무엇이 보이는가?

"지루하고 따분해 하는 것이 보인다." 이렇게 보인다면 새로운 관점을 갖게 된 것이다. 문제를 이렇게 정의하면 해결책은 "어떻게 하면 기다리는 고객들의 지루함과 따분함을 해소할 수 있을까?"라는 창의적 질문이 떠오르게 된다.

지루함과 따분함을 해결하는 방법은 다양할 것이다. 예를 들어, 계산대 근처에서 볼거리를 제공하는 이벤트를 열거나 대형 TV나 스크린을 설치하여 신나는 뮤직 비디오나 스포츠 중계를 보여준다. 아니면 간단히 몸을 푸는 스트레칭을 하도록 유도할 수도 있다. 또는 마트에서 구매한 식품으로 저녁 요리에 적합한 요리법과 레시피를 보여줄 수도 있다.

사람들은 효과적으로 문제를 해결하려면 창의성이 매우 중요하다고 강조한다. 그래서 창의적인 사람이 되라고 주장한다. 하지만 창의적 생각은 머리 속으로 '그렇게 되어야지' 하고 애쓰거나 노력한다고 해서 나오지 않는다. 창의성은 별안간 하늘에서 뚝 떨어지는 게 아니다. 창의성은 현실에 기반한 문제를 다른 관점으로 바라보고 다른 방향의 질문을 던질 때 생겨난다.

문제 유형에 따라 해결 방법도 다르다

두 가지 문제 유형 중에 '해결형 문제'는 문제와 그 발생 원인을 분석하여 원인을 제거하는 방법을 찾아서 해결한다. 이때 사용하는 분석 기법은 세 가지로 논리적 분석, 구조적 분석, 체계적 분석이다.

논리적 분석은 문제의 진위 여부를 확인하고 새로운 문제인지 과거에 발생하여 현재까지 지속된 문제인지, 문제가 발생했다가 사라지고 다시 발생하는 반복된 문제인지로 분석하는 것이다. 구조적 분석은 '5Why' 기법으로 분석하고, 체계적 분석은 MECE(중복되지 않고 누락되지 않는) 기법으로 하면 된다. 여기에는 깊게 파고드는 분석적 사고가 중요하다. 문제를 카테고리로 세분화하고 작게 분해하는 것으로, 숲보다 나무를 보는 순차적 접근법이다. 그래서 기존의 문제해결을 위해 인사이트(Insight)를 찾는 것이다.

'목표형 문제'는 미래에 발생할 수 있는 문제이다. 미래에 필요한 것, 해야 할 것을 찾아서 실행하거나 현재와 다른 대안을 찾아야 해결된다. 여기서 사용되는 분석 기법은 거시적 분석, 비즈니스 분석, CSF분석과 같은 전략적 분석, 4차 산업혁명과 ICT 트렌드 같은 미래 트렌드 분석, 고객 가치와 차별성 분석이다. 여기에도 문제를 넓게 분석하는 분석적 사고가 중요하다. 새로운 아이디어나 기획을 하고 실행 가능한 다양한 시나리오를 개발하는 '창의적 사고'가 필요하고, 나무보다 숲을 보는 통합적이고 직관적인 접근법이 필요하다. 현재와 다른 대안을 찾기 위해 인사이트(Insight)와 포사이트(Foresight)를 찾는 것이다.

해결형 문제는 정답을 찾는 것이고, 목표형 문제는 가능한 최선의 답을 찾는 것으로 이해하면 된다.

문제해결 능력도 훈련이 필요한 스킬

운동선수가 경기력을 향상하려면 오랫동안 부단히 훈련하여 기술을 업그레이드해야 한다. 그래서 몸의 모든 근육과 생각이 함께 반응하고 움직여야 한다. 마찬가지로 문제해결 능력을 키우려면 뇌 근육을 훈련하고 키워야 한다. 다양한 문제를 체계적으로 해결한 경험과 사례를 많이 가진 사람이 문제해결을 더 잘하는 게 당연하다. 뇌 훈련을 할 때는 마구잡이로 하기보다 체계적이며 과정 중심적 방법으로 적절한 문제해결 도구를 이용하는 게 좋다.

필자는 수많은 문제를 만나 그것을 해결해 나가는 과정을 경험하고 마침내 가장 간단하고도 효과적인 문제해결 방법론을 연구하여 개발했다. 그것이 바로 '2A4 문제해결'이다. A4용지 두 장으로 구성된 템플릿과 프로세스, 도구와 체크리스트, 문제해결 씽킹, 그리고 문제해결 리포트로 구성된다. 2A4 프로세스(Process)는 6단계로 진행된다. 단계별로 설명하면 다음과 같다.

1단계 - Identify : 문제해결의 목적과 목표 설정하기

2단계 - Define : 증상과 문제 정의하기

3단계 - Analyze : 문제와 원인 분석하기

4단계 - Develop : 솔루션 개발하기

5단계 - Execute : 액션플랜 실행하기

6단계 - Review : 결과와 향후 계획 리뷰하기

앞의 세 단계는 문제에 관한 것이고, 나머지 세 단계는 해결에 관한 것이다.

문제를 한 방향이 아닌 다양한 방향과 관점으로 바라봐야 해결을 위한 새로운 방법과 창의적 아이디어를 발견할 수 있다. 최선의 방법은 연관되는 질문들을 던지는 것이다. 여기서는 각 단계에서 놓치지 않고 점검하고 다루어야 할 사항을 체크리스트 질문으로 제시한다.

1) Identify에서 사용하는 질문?

① 회사나 조직이 추구하는 비전, 미션, 핵심가치, 전략과 정렬했는가?

② 목표는 고객 가치 제안과 연계했는가?

③ KSF는 정확히 도출됐는가?

④ KSF별로 목표나 기대 결과는 SMART하게 설정했는가?

⑤ 목표 달성 여부를 확인할 수 있는 Metric(측정지표)를 결정했는가?

⑥ 부서 이기주의나 지엽적이 아닌 회사 전체와 연계한 목표를 설정했는가?

2) Define에서 사용하는 질문?

① 증상으로 야기될 문제까지 정의했는가?

② 중복되거나 누락된 것은 없는가? (MECE)

③ 내부와 외부 요인의 문제를 균형 있게 다루었는가?

④ 다양한 카테고리를 정의했는가?

⑤ 문제를 다른 관점이나 방향으로 도출했는가?

⑥ 도출된 의견이나 문제에 대해 도전적 질문을 했는가?

⑦ 자신이 소속된 부서나 팀의 문제점도 솔직히 찾았는가?

⑧ 아이디어를 발산하고 나서 핵심 문제로 수렴했는가?

⑨ 문제의 주체와 객체를 명확히 서술했는가?

⑩ 문제가 영향을 주는 범위와 파장, 빈도를 정의했는가?

⑪단어가 아닌 문장으로 서술했는가?(문제 서술문)

3) Analyze에서 사용하는 질문?

①원인과 결과가 논리적으로 인과관계가 되도록 구조화했는가?

②중복되거나 누락된 것은 없는가?(MECE)

③내부와 외부 요인의 원인을 균형 있게 다루었는가?

④다양한 카테고리를 다루었는가?

⑤원인을 다른 관점이나 방향으로 도출했는가?

⑥도출된 의견이나 원인에 대해 도전적 질문을 했는가?

⑦폭과 깊이와 방향 모두 균형 있게 분석했는가?

⑧자신이 소속된 부서나 팀의 원인도 솔직히 찾았는가?

⑨아이디어를 발산하고 나서 핵심 원인으로 수렴했는가?

4) Analyze에서 사용하는 질문?

①개인이 아닌 조직 차원에서 페이오프-매트릭스의 실행성과 효과성을 객관적으로 평가했는가?

②솔루션의 실행 주체가 자신이 되더라도 공정하게 평가했는가?

③다양한 카테고리를 다루었는가?

④솔루션 개발이나 평가 시 개인이나 부서 이기주의에 매몰되지는 않았는가?

⑤아이디어를 발산하고 나서 핵심 솔루션으로 수렴했는가?

5) Execute에서 사용하는 질문?

① 단계별 액티비티는 누구라도 쉽게 이해하도록 세분화하고 구체화했는가?

② 액티비티의 실행 주체가 자신이 되더라도 솔직하게 도출했는가?

③ 담당자는 가장 적합한 사람으로 선정했는가?

④ 담당자가 실행에 필요한 것을 최대한 지원했는가?

⑤ 이정표(마일스톤)를 활용하여 시각적으로 나타냈는가?

6) Review에서 사용하는 질문?

① 목표 대비 결과를 Metric(측정지표)로 비교했는가?

② 실행 전과 후의 비교를 수치화했는가?

③ 표준화와 시스템화를 고려했는가?

④ 실행 결과 효과적이라 판단되는 방법론이나 프로세스를 전사나 다른 부서와 공유했는가?

⑤ 자료를 DB화하고 관리하는가?

아무리 복잡한 문제라도 체계적으로 분석하고 접근하면 모두 해결될 수 있다. 그동안 세상에 존재한 대부분의 문제가 그렇게 해결됐기 때문이다. 지금까지 설명한 복잡한 문제해결 생태계와 일론 머스크의 문제해결 5단계, 그리고 2A4 6단계 문제해결 방법을 잘 조합하여 사용한다면 여러분도 능력 있는 문제 해결자가 될 것이다.

04
비대면 화상회의를 효과적으로
진행하는 방법

필자는 25년 간 기업을 대상으로 회의를 효과적으로 진행하는 퍼실리테이션 기술을 교육하고 컨설팅했다. 여기서 말하는 회의는 사무실이나 회의실에서 진행하는 오프라인 방식이었다. 기업은 가끔 국외에 있는 직원이나 고객들과 원격으로 '컨퍼런스 콜(Conference Call)'을 하지만, 시간과 공간의 제약으로 오프라인 대면 회의를 약식 화상회의로 전환하여 진행하기도 한다. 그래서 지금까지 원격 화상회의를 효과적으로 진행하는 방법과 진행 기술인 온라인 퍼실리테이션 스킬이 필요하지 않았다. 하지만 코로나19 사태 이후 회의 진행 방식이 급격히 변했다.

예를 들어 LG화학은 전 세계에 있는 1만 8,500명 직원이 온라인 디지털 공간에서 일하는 방식으로 바꿨다. 과거에는 일부이거나 보조 업무 수단이던 스마트워크를 주요 업무 수단으로 바꾸었다. LG

화학이 추구하려는 것은 비대면(Untact), 무중단(Unstoppable), 무제한(Unlimited)의 '3U' 스마트워크 시스템을 구축하는 것이다.

필자는 10년 전 대학생 여섯 명과 미래 교육을 위한 연구개발 프로젝트를 진행했는데, 지방에 사는 학생도 있어 프로젝트 회의를 원격에서 온라인 화상회의로 진행했다. 매주 토요일 세 시간을 할애하여 약 6개월 동안 화상회의를 했고, 연구 개발 프로젝트를 성공리에 마쳤다.

이때 사용한 원격 화상회의 솔루션은 '구글 행아웃(지금은 '구글 미트'로 변경)'이었고, 아주 편리해서 화상회의를 진행하는 데 아무런 불편이나 문제가 없었다. 이때에도 필자가 교육하고 컨설팅하는 오프라인 퍼실리테이션 스킬을 온라인 화상회의에 활용했다. 많은 시행착오를 겪으면서 오프라인보다 더 효과적인 온라인 퍼실리테이션 방법과 도구를 경험하고 개발할 수 있었다. 그 후로 다른 사람들과 회의나 프로젝트를 추진하면서 원격 화상회의를 종종 진행한다. 당시 화상회의를 진행할 때 오프라인 회의처럼 진행할 수 없는 제약이 있었는데, 이런 제약을 해소하기 위해 다양한 방법을 찾아 적용했다.

오프라인 회의 시대는 가고, 온라인 화상회의 시대가 왔다

코로나19 사태로 사회는 지금까지 전혀 경험해 보지 못한 팬데믹 소용돌이에 빠져서 허우적거리고 있다. 빠른 시간 내에 해결될 것이라는 기약도 없이 전 인류에게 확산되고 있어 심리적 공포와 멘탈 붕괴까지 오는 상황을 맞이했다. 최근 몇 년간 사회, 기술, 기업, 직장,

직업, 일하는 방식 등 다양한 영역을 휩쓸고 있는 4차 산업혁명 기술이 가져온 변화보다 더 큰 천지개벽 같은 것이다.

사람 간의 접촉으로 전염되는 바이러스를 막기 위해서 직장, 건물, 상점, 병원을 폐쇄하고 구성원들에게 재택근무를 강제하여 비대면 원격으로 일하도록 하고 있다. 사무실에 모여서 진행하던 회의, 프로젝트, 협업 등을 준비도 없이 별안간 원격 화상회의로 진행하는 실정이다. 최근에는 오프라인 컨퍼런스나 행사도 모두 취소되고, 이것을 온라인 컨퍼런스로 진행하여 사람들은 각자의 집에서 온라인 화상으로 참여하는 새로운 경험을 하고 있다. 과거에도 외국의 바이어나 직원들과 원격 화상회의를 진행했지만, 이는 업무 추진을 위한 주요 활동이 아니고 간혹 필요한 경우에만 사용하던 보조 수단이었다.

하지만 지금과 같은 상황에서는 대부분의 업무나 활동이 원격 화상회의나 온라인 협업으로 진행될 수밖에 없다. 기존에는 비대면 화상회의나 온라인 협업을 확산하기 위해 직원들을 교육하고 이것에 필요한 장비를 도입하면서 외근이 많은 직원들을 대상으로 사무실의 고정된 자리를 없애거나 최소한만 준비하여 공유하는 것을 추진해 왔지만, 사무실에 출근하여 일하는 기존 방식에 익숙한 직원들의 반발로 무산되거나 축소되는 상황이었다.

그런데 정부나 지자체에서 재택근무를 강제로 명령하면서 전체 직원이나 소속원들이 일시에 재택근무를 시작했다. 원격 화상회의나 온라인 협업을 경험해야 하는 상황에 놓여 새로운 업무나 일하는 방식에 빠르게 적응할 것을 강요 받고 있다. 이런 상황에서 재택근무를 하는 사람들은 개인에 따라 찬성과 반대, 중립 입장으로 갈렸다. 물론 반대 입장인 사람들도 있겠지만, 코로나 사태가 진정되어도 원격근무나 온라인 협업은 대세로 굳어져 이렇게 일해야 할 것이다.

이번 사태는 지금 우리 사회에 이런 메시지를 던지고 있다.

"그동안 관행화하여 상식으로 생각하던 오프라인의 사무실 근무 방식과 교실 교육 방식이 최선이었던가?"

코로나19 이전까지는 원격근무와 수업이 최선이 아니었다. 몇몇 혁신가에 의해 주장되었지만 모든 것을 일시에 바꾸는 것은 불가능했다. 가장 큰 장벽은 기득권 세력의 강한 저항으로 누구도 썩은 환부를 도려내는 수술은 시도조차 하지 못하고 포기한 상태였다.

"이 또한 지나가리라."는 말처럼 지금 상황도 언젠가 정상으로 돌아갈 것이다. 하지만 그때가 되더라도 지금 온 인류가 다 같이 새롭게 경험하는 다양한 불편을 새로운 관점과 패러다임으로 더 진지하게 분석하고 판단해야 한다. 시대 변화에 부합하는 최적화한 근무와 교육 시스템과 방식을 신중히 선택해야 할 것이다.

4차 산업혁명 기술이 가져오고 있는 급속한 변화와 함께 우리의 생각과 태도와 방식도 혁신되어야 한다. 이런 변화는 일하는 방식 외에도 직원의 근무 성적을 평가하는 방식이나 직원 교육 시스템, 근무 방식 등에도 대대적인 변화가 수반될 것이다. 이전과 다른 새로운 세상이 도래할 것이다.

역사적으로 세상을 변화시킨 건 인간과 기술이 아니고 패스트, 천연두, 코로나19와 같은 강력한 세균이었다.

오프라인 회의와 온라인 화상회의의 차이점

두 가지 회의 방식은 어떻게 다를까? 둘의 차이점을 정확히 이해해야 원하는 회의 결과와 효과를 얻을 수 있다.

사무실에서 진행하는 오프라인 회의는 큰 테이블과 의자, 화이트보드가 구비된 폐쇄된 회의실에서 이뤄진다. 경우에 따라 빔프로젝트와 스크린을 사용한다.

회의 참가자들은 각자의 업무 수첩이나 메모장을 지참하여 회의 내용을 기록하고 요약한다. 모든 참가자가 테이블을 중앙에 두고 마주 보므로 얼굴 표정이나 바디랭귀지로 원활하고 정확한 소통할 수 있다. 리더는 회의를 리드하고 참가자들이 의견과 아이디어 도출해 낼 수 있도록 촉진한다. 그러기 위해서는 적정 수준의 퍼실리테이션 스킬을 갖고 있어야 한다. 원활한 회의 진행을 위해 회의 주제와 관련한 참고자료를 미리 공유하고, 회의 시간표와 어젠다를 미리 준비한다.

비대면 온라인 화상으로 진행하는 회의는 각자의 집이나 독립된 공간에서 이뤄진다. 컴퓨터와 모니터(듀얼 모니터가 있으면 효과적), 카메라와 마이크, 스피커 등 화상회의를 위한 장비가 구비되어 있어야 한다. 경우에 따라 모바일이나 태블릿을 사용할 수 있지만, 화면의 제한으로 참가자들의 얼굴 표정이나 공유된 회의자료를 보는 데 불편이 있어 추천하지 않는다. 또 컴퓨터에는 온라인으로 화상회의를 할 수 있는 소프트웨어가 설치되거나 클라우드로 접속되어 있어야 하는데, 그것으로 구글 미트, 줌(ZOOM), 스카이프 등이 있다. 그 가운데

줌을 가장 많이 사용한다.

리더는 회의를 리드하고 참가자들이 의견과 아이디어 내도록 촉진한다. 그러기 위해 적정 수준의 퍼실리테이션 스킬을 갖고 있어야 하는데, 오프라인 회의보다 온라인 화상회의가 참가자들의 참여를 유도하고 집중력 있게 진행하기가 더 어렵고 제약이 많다. 따라서 더 높은 수준의 퍼실리테이션 스킬이 필요하다. 원활한 회의 진행을 위해 회의 주제와 관련한 참고자료를 미리 공유하고, 회의 시간표와 어젠다를 미리 준비한다.

오프라인 회의와 온라인 화상회의의 장단점

오프라인 회의라고 해서 단점만 있는 건 아니다. 두 가지 방식은 장점과 단점을 모두 갖고 있다.

오프라인 회의에서 모든 참가자가 적극적으로 참여하는 경우라면, 열기와 긍정적 에너지를 몸으로 느낄 수 있어 성공적인 회의가 가능하다. 참가자들이 빠르고 정확하게 소통할 수 있으며, 회의실에서 다른 참가자와의 인간적 교류나 유대감 증진 등 상호작용에 잘할 수 있다.

단점으로는 모든 사람이 일정한 장소에 모여야 하고 회의실 환경과 분위기에 영향을 많이 받는다는 것이다. 프리라이더(침묵을 유지하는 사람)와 빅마우스(발언을 독점하는 사람)가 반드시 드러나는데, 리더는 이들을 제어하고 관리하는 게 어렵다. 또 리더의 성향에 따라 리더가 혼자서만 말하고 회의를 독점하거나 주도하기 쉽다. 특히 직급이나 경력이 많은 사람 위주로 회의가 진행되기 쉬우며, 여러 부서나 팀이 동시에 회의하는 경우라면 물리적 공간인 회의실 확보도 어렵다. 마지막으로 회의 내용을 각자 메모하고 기록하므로 오류가 발생한다. 서기를 정해 회의록을 작성해도 기록된 내용의 정확성이 떨어질 수 있다.

이에 반해 온라인 화상회의는 물리적 회의실 공간이 없어도 되고, 모두 같은 시간에 한 자리에 모이지 않고 각자가 있는 곳에서 원격으로 참여할 수 있다. 각자 혼자 있는 공간에서 참여하므로 다른 사람들의 간섭이나 방해 없이 화면만 응시하여 집중력이 증가한다. 동시에 회의와 무관한 옆 사람과의 잡담이 사라진다.

단점으로는 참가자들이 근거리에서 감정을 교류할 수 없어 연대감과 소속감이 낮다는 것이다. 직접 대면할 수 없어 리더가 원활하게 회의를 진행하기 어렵고, 참가자들의 참여를 독려하기에도 쉽지 않다. 오프라인 회의에서 가능한 난상토론도 어렵고, 리더의 퍼실리테이션 역량에 따라 회의 결과물의 변동이 심하다. 결론을 내리지 못하고 종료되는 경우가 오프라인 회의보다 더 많이 발생하고, 화상회의용 장비나 통신 상태의 영향을 많이 받는다. 주변 사람과의 스몰 토크에 의한 의외의 아이디어 발견도 어렵다.

온라인 화상회의는 오프라인보다 생각이나 아이디어를 자유롭게 말하고 교류하는 데 한계가 있다. 참가자들 간의 상호작용이나 몰입이 원활하게 이뤄지지 않는다. 이런 문제를 극복하려면 온라인 화상회의에서 사용할 '열린 토론을 위한 운영 원칙'이 필요하다.

필자가 개발한 '열린 토론의 일곱 가지 그라운드룰'은 다음과 같다.

열린 토론의 일곱 가지 그라운드룰

① 서로의 생각과 의견이 같지 않은 것은 문제가 아니고, 당연한 것
이다. 서로의 생각이 모두 같거나 비슷하다면 그것이 매우 심각
한 문제다. 다르게 생각하자.

② 상대바의 생각이 틀린 것이 아니고, 나와 다른 것이다. 서로의
다름을 인정하자.

③ 상대방에게 질문하는 것은 비난이나 질책이 아니고, 상대의 생
각을 이해하고 자신과는 다른 관점을 배우려는 것이다. 생각을
자극하고 확산시키는 도전적인 질문을 던지자.

④ 무슨 질문이든 주저하지 말고 상대방에게 던져라. 그리고 끝까
지 경청하자.

⑤ 질문에도 등급과 품질이 있으니 연습을 통해 질문의 질을 높이
자. 더 좋은 질문을 던지도록 연습하고 발전하자.

⑥ 상대방의 의견을 그대로 이해하고 흡수하지 말라. 그것을 지렛
대 삼아 자신의 생각과 연결하거나 융합하여 자신만의 생각과 아
이디어를 만들자.

⑦ 상대방 의견을 존중하고 배려하고 경청하자. 그 속에서 자신과
다른 것들을 발견하자.

05
비대면을 위한
소통 리더십

　시대는 매우 빠르게 변하고 있다. 우리는 이러한 변화에 빠르게 적응해야 하는 압박을 받는다. 특히 조직이나 팀의 리더는 누구보다 빠르게 변화해야 한다. 4차 산업혁명 시대를 맞이하여 변화를 주도하고 혁신을 리드하는 확실한 변화 리더십이 필요하다. 성공이라는 목적지에 무조건 빨리 도착하는 것이 최선은 아니다. 중간 중간에 자신이 가고 싶거나 보고 싶은 것을 경험하면서 갈 수 있는 계획과 여유도 있어야 한다.

　인생이나 삶과 관련한 다양한 주제와 분야는 성공이나 꿈을 이루는 데 꼭 필요한 요소이다. 성공한 리더는 그런 법칙과 원리를 알고 실천하여 자신이 진정으로 꿈꾸고 원하는 일을 찾았고, 계속 좋은 성과를 내고 있다. 성공이나 꿈을 성취하기 위해서는 자기계발을 반드시 해야 하고, 그에 관한 법칙이나 원리를 알아야 한다.

특히 비대면 시대에 필요한 소통 방법과 리더십은 기존 방식과 다르다. 이제부터 비대면 시대의 소통법과 리더십을 알아보자.

비전(Vision)과 목표(Goal)의 중요성

비전과 목표는 초점과 같기 때문에 원하는 것을 이루기 위해서 반드시 초점을 정확하게 맞추어야 한다. 이처럼 인생의 목표도 정확하고 분명하게 맞출 필요가 있다. 지금 자신 앞에 놓인 일을 어떻게 받아들이고, 어떤 행동을 해야 하는지 판단하는 기준이 바로 자신의 목표이다. 목표가 없다면 사리 판단의 기준이나 일관성이 없어 자신의 판단과 행동이 잘못될 수 있다.

비전과 목표를 어떻게 효과적으로 세울 수 있을까? 자신이 원하는 것이면 무조건 된다고 생각하기보다 너무 환상적이지 않으며, 성취가 불가능하면 안되고, 막연하지 않아야 한다. 비전과 목표는 다음의 여덟 가지 조건에 부합하는 것으로 정해 보자.

1) Specific : 구체적으로 표현할 수 있어야 한다

단순히 '성공하고 싶다' 또는 '부자가 되고 싶다'는 식의 막연한 목표는 실현 가능성이 낮다. '3년 후에는 자신의 분야에서 최고 전문가가 되겠다', '2년 안에 전문 자격증을 취득하겠다', '5년 안에 10억 원을 모으겠다'와 같이 구체적으로 정해야 한다. 그래야 목표가 머리에서 또렷한 형상으로 그려져 목표를 향한 열정이 타오르게 된다.

2) Measurable : 측정이 가능해야 한다

어느 정도까지 진행되었는지 성취도를 측정하고 가늠할 수 있어

야 한다. 성취도 측정이 불가능한 목표는 목표를 향한 출발 시점에서 목표까지 가는 과정에서 자신이 현재 어느 위치에 있는지 알 수 없다. 그러면 분발할 수도 없다. 예를 들어 재산을 5년 안에 10억 원을 모으겠다는 목표를 세운다면, '1년이 지나 1억 원을 모으고, 2년차에는 총 2억 원, 3년차에 4억 원, 4년차에 7억 원, 그리고 5년차에 총 10억 원'처럼 측정할 수 있어야 한다.

3) Take Action : 행동 중심적이어야 한다

단순히 생각하거나 머리에서 상상하는 목표는 절대 실현될 수 없다. 행동으로 옮겨 실현되는 목표라야 한다. 그것도 내일이 아니고 오늘 당장 행동할 수 있는 것이어야 한다.

예를 들어 '앞으로의 목표는 더욱 능력 있는 사람이 되는 것이다.'라는 목표는 머릿속에서나 그려지는 것이지, 실제로 무엇을 언제 어떻게 하는지에 대한 행동이 없어 실현하기 어려운 것이다. 따라서 '6개월 내에 어학 실력을 몇 점 더 높이겠다.'처럼 구체적으로 바뀌어야 한다. 그래야 어학 실력을 높이기 위하여 하루에 몇 시간씩 무슨 공부를 할지 결정하고 행동에 옮길 수 있게 된다.

4) Realistic : 현실적이어야 한다

너무 이상적이거나 상상으로나 가능한 것이 아니라 현실에서 실현 가능한 것이어야 한다. 자신의 상황이나 역량을 무시한 채 너무 큰 목표를 정하는 것은, 자신의 현실과 동떨어진 것이므로 쉽게 지치고 중도에 포기하게 된다. 그렇다고 약간의 노력만으로도 쉽게 달성할 정도의 낮은 목표를 정하는 것도 바람직하지 않다.

5) Set a Time : 시간 계획을 정하고, 제대로 조절해야 한다

시간 진행에 따른 행동 계획과 성취 계획이 제대로 수립되어야 한다. 너무 무리하게 시간을 배정하여 시간에 쫓기게 되면 목표 의식이 낮아져 포기하기 쉽다. 몹시 빡빡하고 촉박한 일정은 처음 계획할 때의 마음으로는 충분히 달성할 수 있을 것으로 자신할 수 있지만 예기치 못한 돌발 상황이나 의외의 일이 발생하면 전체 일정이 순식간에 망가진다.

6) Motivation : 동기부여가 되어야 한다

자신이 수립한 목표는, 직접 행동에 옮기고 목표를 향해 전진할 수 있는 동기부여가 되어야 한다. 좋은 목표이기는 하나 자신이 진정으로 원하고 반드시 해내겠다는 결의를 할 수 없는 목표는 무의미하다.

예를 들어 팀의 목표를 정했는데 그것이 자신과 무슨 관계가 있는지, 왜 해야 하는지 등을 이해하지 못하면, 열정을 가질 수 없고 그러한 목표는 달성하기도 어렵다. 따라서 리더는 모든 구성원에게 목표를 충분한 이해시키고 동기부여를 해야 공동의 목표를 향해 모두 매진할 수 있다.

7) Write it down : 반드시 글로 써라

목표는 말이나 생각에 머물지 않고 글로 정확히 표현해야 한다. 항상 눈에 보이게 하고 휴대하면서 수시로 봐야 한다. 그래야 목표를 향한 신념과 확신, 그리고 인내심을 가질 수 있다.

8) Read aloud 2 times a Day : 하루에 두 번씩 큰 소리로 읽는다

목표를 적은 글을 눈으로만 볼 게 아니라 입으로 크게 소리 내어 읽는다. 눈으로 보고 말로 소리 내어 읽으면 귀에 들려 시청각으로 기억된다. 이렇게 반복함으로써 목표는 의식 세계는 물론이고 무의식의 기억에도 각인되어 강한 동기와 추진력을 얻게 된다.

리더의 필수 역량 : 창조적인 소통 기술(Communication Skill)

일반 대화로는 상대의 마음을 알기가 어렵기 때문에, 깊은 대화를 나누기 위해서는 특별한 대화 기술이 필요하다. 우선 솔직하고 진실하며 인간적인 대화를 해야 한다. 상대의 이야기를 이끌어내기 위해서 자신의 이야기를 먼저 하는 것이 좋다. 그러면 상대도 방어 자세를 버리고 마음의 대화를 시작한다.

대화할 때는 성의와 열정이 있어야 한다. 마지못해 하는 대화가 아니라 열과 성의를 다할 때 상대방이 감동받는다. 상대의 말을 경청하면서 동의 표시를 하는 것이 중요하다. 동의 표시는 상대가 하는 말을 인정하고 경청한다는 의미이므로 상대도 더욱 열심히 대화에 몰입하게 된다. 상대의 말을 경청하면 상대의 관심과 요구를 정확히 파악할 수 있어 설득력을 높일 수 있다. 그 결과 대화를 원활하고 유익하고 즐겁게 만들 수 있다.

대화의 주된 목적은 정보나 지식을 주고받는 것 외에 대화 자체만으로도 즐거움과 재미를 느끼고, 설득이나 동의 같은 생산적 결과를 만드는 것이다. 그런데 대화에서 상대방에게 반발심이나 불쾌감을 준다면, 논쟁에서는 비록 상대를 이길 수 있으나 결코 모두에게 유익한 결과를 얻을 수 없게 된다.

벤자민 프랭클린도 자신만의 대화법을 개발하여 많은 효과를 봤다. 그는 소크라테스식 대화법을 즐겨 사용하였는데, 그것은 다른 사람의 의견을 잘라 반대하거나 독단적으로 자기의 의견을 밀어붙이는 것이 아니다. 겸손하게 상대의 의견을 묻고 질문하는 방식이다.

성공적인 소통을 위한 노하우

1) 자신의 생각을 솔직하고 분명하게 말하라
2) 많은 분야에 관심을 가져서 지식과 정보의 폭을 넓혀라
3) 열의와 적극성으로 대화에 임한다
4) 자신의 이야기만 하지 말고, 상대의 이야기를 경청하라
5) 질문하여 대화의 집중도를 높여라
6) 상대방의 입장을 이해한다
7) 대화를 흥미 있고 유머 있게 하라

리더가 추구할 21세기형 카리스마(Charisma)

우리는 흔히 "저 사람은 카리스마가 있어."라는 말을 자주 사용하곤 한다. 이때 말하는 카리스마란 무엇일까?

카리스마는 다른 사람들과 인과관계를 가지면서 그들에게 영향력을 미치는 능력이라고 할 수 있다. 상대가 당신을 잘 모를지라도 당신에게 호감을 갖거나 끌린다면, 당신에게 카리스마가 있다고 생각한다. 카리스마를 리더십과 같은 의미로 사용할 수도 있지만, 카리스마는 리더십보다 더 강력하여 상대가 거부할 수 없는 힘이나 능력이

라 할 수 있다. 예를 들어 리더십은 자신의 능력이나 역량을 드러내 보여야 얻을 수 있는 것이지만, 카리스마는 구체적으로 보여준 것이 없는데도 끌리는 힘이다.

다른 사람에 대한 영향력은 크게 두 가지로 구분되는데, 지위나 권위가 주는 지위 영향력과 인격과 동기부여를 통한 인격 영향력이다. 카리스마와 리더십은 인격 영향력에 더 가깝다고 할 수 있다. 하지만 카리스마도 상대방을 무시해서는 힘을 발휘할 수 없다. 상대를 억지로 따라 오게 해서는 안 되고, 상대가 스스로 동참하도록 하는 능력이 필요하다. 카리스마도 리더십과 마찬가지로 선천적이기보다 후천적 노력으로 향상시킬 수 있다.

진정한 카리스마란 지적 능력, 다양한 기술, 실천력과 행동력 등 모든 요소가 조화를 이루어야 가능하다. 즉 지위나 권력에 의한 카리스마에는 한계가 있으며, 다양한 역량을 겸비해야 최고의 효과를 얻을 수 있다. 자신만의 독창적이고 특별한 카리스마를 만들면 자신의 역량을 끌어올릴 수 있게 된다.

카리스마를 구성하는 자질에는 여러 가지가 있다. 그 중에 핵심은 다음의 일곱 가지로 요약할 수 있다.

1) 침묵 메시지

2) 전달 능력(프레젠테이션 능력)

3) 듣기 능력

듣기 능력을 향상시키기 위해서 다음의 기술이 유용하다.

① 상대에게 집중한다.

②산만한 주변의 장애물을 최소화한다.

③마음을 차분히 가라앉힌다.

④의식적으로 경청한다.

⑤상대의 말에 확인하는 질문을 한다.

⑥시선을 맞추고 고개를 끄덕인다.

⑦필요한 내용은 요약하여 메모한다.

4)설득 능력

설득에 필요한 4단계 접근법은 다음과 같다.

①상대의 욕구와 목표와 필요를 확인한다.

각자 가진 욕구의 차이를 확인할 수 있는 최선책은 질문하는 것이다. 상대의 대답으로 확인할 수 있으며, 상대가 어떤 질문을 하는가도 상대를 파악할 수 있는 좋은 기회다. 상대에게 질문하는 것에는 여러 기술이 있는데, 이러한 기술은 상황과 처지에 따라 달리 사용된다.

②함께 해결책을 만든다.

상대에게 해결책을 강요하는 것이 아니라 함께 찾는다는 느낌을 주어야 한다. 예를 들어 여러 가지의 해결안을 함께 찾고 상대의 의견을 물어 상대의 최고 관심사가 무엇인지 확인하면 된다.

③실행 계획을 합의하고 함께 실행한다.

상대를 실행 계획에 동참하게 하고, 일부는 상대가 주도하게 위임한다.

④진행 상태와 결과를 확인하고 점검하고 측정한다.

일의 진행 상태를 수시로 측정하여 문제가 있으면 해결 방안을 함께 찾거나 돕는다. 결과에 대한 상대의 의견이나 생각도 확인한다.

5) 공간과 시간 활용 능력

연설이나 비전을 전달할 때, 환경과 시간을 최대한 활용하여 전달력을 극대화해야 한다. 환경 활용을 극대화하여 전달력이나 협상력을 높이고, 시간을 효율적으로 잘 활용한다.

6) 상대 파악 및 적응 능력

7) 비전 수립 능력

변화를 이끄는 리더와 리더십(Leader & Leadership)

리더란 하나의 조직이나 팀의 운명은 물론, 거기에 속한 사람들의 인생까지도 책임져야 하는 막중한 책무를 가지고 있다. 자신만의 책임과 의무도 제대로 수행하기 어려운 상황에서 조직과 팀의 장래를 좌우하는 리더는 실패하기 쉽다. 의욕이나 욕심만 가지고 맡는 자리는 아니기 때문에, 리더의 역할과 사명을 제대로 수행할 자질과 역량을 갖추어야 한다. 그러면 리더가 갖추어야 할 리더십으로 어떤 자질과 역량이 있어야 할까?

1) 자기 자신을 계속하여 변화시켜라

하루가 다르게 사회와 환경이 변하고 있으며, 이에 필요한 요건도 변하고 있다. 이러한 변화에 능동적으로 대처하고 팀을 바른 방향으로 이끌기 위해서 리더는 자신을 끊임없이 변화시켜야 한다. 계속 자신을 변화하고 발전시킬 수 없는 리더는 생명력이 짧으며, 팀을 깊은 수렁에 빠뜨리게 한다.

2) 비전을 세우고 팀원과 공유하라

팀이 추구할 비전을 만들어 명확하게 제시한다. 비전은 구성원 모두가 함께 성취할 공동의 목표이므로 함께 나눌 수 있어야 한다. 그래서 단순히 비전을 제시하는 것이 아니라 공유해야 하고, 구성원들도 비전을 자신의 것으로 받아들여야 한다. 그래야 팀워크가 생기고 열정이 생긴다. 탁월한 리더라도 구성원들의 동참과 협력 없이, 리더 혼자만으로 팀의 비전을 달성할 수 없다.

3) 열린 생각과 마음을 가져라

리더 혼자 외부의 상황 변화를 인지하고 정보를 수집하여 아이디어를 만들 수 없다. 현대와 같이 다양하고 복잡한 환경에서 리더의 독단은 팀을 잘못된 방향으로 이끌 수 있으므로 팀원들의 의견과 아이디어에 귀를 기울이고 수용하는 자세가 필요하다. 정보와 아이디어가 많을수록 리더는 현명한 판단을 내릴 수 있다. 팀에 자유로운 의견 교환이나 제안 분위기가 조성되어어야 능동적으로 일을 추진하는 열정을 이끌어낼 수 있고, 팀들의 역량도 향상시킬 수 있다.

4) 창의적인 학습 공동체를 만들어라

변화하는 환경은 지식과 정보는 물론 새로운 역량도 요구한다. 새로운 역량이나 정보를 지속적으로 습득하려면 학습이 반드시 필요하다. 학습이 바탕이 되어야 창의력도 기를 수 있다. 따라서 학습하는 문화와 분위기를 리더가 만들어야 한다.

학습하는 문화에서 핵심 인재가 양성되고, 창의성과 문제해결 능력이 향상되고, 팀의 혁신성이 증가한다. GE가 2류 공룡 기업에서 세계 최우량 기업으로 변신할 수 있었던 원동력은 바로 전 직원의 '학습 조직 문화'였다.

5) 분명하고 확고한 원칙을 적용하라

팀을 이끌어 나가는 운영 원칙이나 상벌 규정은 분명하고 공정하며 일관성이 있어야 한다. 그래야 구성원들도 원칙을 중시하고 업무 혼란이 생기지 않는다. 리더 개인의 기분이나 친밀도에 따른 편파 운영은 팀의 붕괴를 가져온다. 때로는 아무리 중요하고 유능한 인재라도 원칙을 어기면, 규정에 따라 처벌하거나 팀에서 제외하는 결단을 내려야 한다.

6) 모범을 보여라

리더가 모든 일에 솔선수범하고 본을 보이는 행동을 해야 팀원들도 적극적으로 따른다. 단체 생활은 물론 개인 생활에서도 모범을 보여야 리더를 존경하고 신뢰한다. 말로 지시나 하고 언행의 일치가 되지 않는다면 단순한 보스이지 진정한 리더가 아니다.

7) 열정과 확신을 보여라

비전을 반드시 이룰 수 있다는 확신과 열정을 보여야 한다. 리더가 비전 달성에 대한 확신과 열정을 보이지 않는다면 구성원들은 어떻게 되겠는가? 팀 내부는 물론 외부 사람들과의 관계에서도 열정과 확신에 대한 일관성을 유지해야 한다.

8) 결단력과 인내를 가져라

때로는 위기의 순간이 오고 중요한 결정을 하는 기로에 서기도 한다. 이때 리더가 망설이거나 주저한다면, 팀원들은 크게 흔들리고 불안해한다. 결단의 순간에 냉철한 판단력으로 방향을 제시해야 한다. 장애물이 나타나거나 좌절의 순간이 와도 포기하지 않는 인내를 가져야 한다. 끈기를 갖고 끝까지 비전을 달성하겠다는 의지를 보인다면, 팀원들도 더욱 분발하고 함께 힘을 모을 것이다.

9) 칭찬과 격려를 활용하라

비전을 달성하기까지의 길은 멀고도 지루하므로 칭찬과 격려를 하여 팀원들의 사기를 높이고 동기부여를 하라. 공로자는 공개적으로 인정하여 더욱 큰 열정을 불러일으키도록 한다. 그러면 다른 동료들도 도전하려는 의욕을 고취할 수 있다.

10) 건강 관리에 유의하라

리더의 열정과 에너지, 그리고 추진력은 건강에서 시작된다. 신체건강은 물론 정신 건강도 항상 신경을 쓰고 관리해야 한다. 허약한 몸과 마음으로 팀의 운명을 책임질 수는 없다. 팀원들의 건강도 매우 중요하다. 모두 건강해야 최고의 능력과 효율이 발휘되므로 리더가 본을 보이고 팀원들의 건강을 수시로 챙긴다.

한편 많은 사람이 자신을 리더라 생각하고 있거나 리더가 되기를 원하지만, 진정한 리더가 되지 못한다. 무엇이 리더가 되는 것을 가로막는지 반드시 알아야 한다.

진정한 리더가 되지 못하고 실패하는 요인을 여덟 가지로 정리했다.

① 자신이 아는 것을 직접 실천하기보다 생각만 하는 리더

②조직화 능력이 부족한 리더

③무절제한 생활과 행동을 가진 리더

④궂은 일은 하지 않는 리더

⑤창의력과 상상력이 부족한 리더

⑥이기심이 많은 리더

⑦인재를 키우지 않는 리더

⑧권위 의식이 강한 리더

가치를 높이는 자기계발(Self-Development)

자신이 좋아하는 일을 하고, 그 분야에서 성공하기 원한다면 반드시 자기계발을 해야 한다. 자신이 가진 능력이나 역량을 더욱 높여서 남보다 높은 경쟁력을 갖고, 자신이 가지고 있지 않은 역량은 새롭게 받아들이고 배워서 최소한 남과 비슷한 경쟁력을 유지해야 한다.

새로운 것을 배우고 익히는 것은 학창 시절에만 하는 것이 아니다. 사회생활에서도 필수다. 지금은 학창 시절보다 더욱 치열하고 부단히 노력하는 시대가 되었다. 사회생활을 하면서 새벽이나 저녁 시간에 자기계발을 하며, 주말을 자신에게 필요한 것과 부족한 것을 배우는 시간으로 활용하는 사람이 늘고 있다. 학창 시절의 교육이 타의에 의한 배움이라면, 성인이 된 후의 교육은 자의에 의한 배움이다. 자신의 삶을 위한 것이기에 더욱 치열하게 배우고 익힌다. 미래 사회는 과거의 학벌이나 실력보다 현재 그 사람이 가진 역량과 능력을 더욱 중요한 가치 척도로 여긴다.

아래의 여덟 가지 능력을 골고루 갖추면 자기 분야에서 성공하고 꿈을 이룰 수 있다.

①폭넓은 지식

②분석 능력

③정보 가공 능력

④판단력

⑤문제 해결 능력

⑥시각화 능력

⑦전달 능력

⑧커뮤니케이션 능력

팀원의 열정을 일으키는 리더의 동기부여(Motivation) 능력

리더의 역할은 조직이나 팀을 올바르게 이끄는 것인데, 동기부여는 리더의 명령이나 지시에 의하여 이끌어 가는 것이 아니다. 조직원들이 스스로 알아서 할 수 있는 결단과 기회를 주고 목표한 것을 이루도록 최대한 지원하는 것이다. 상대에게 계속 동기를 부여하려면, 일을 추진하면서 상대방도 성장하여 지속적으로 자기 발전이 되도록 이끌어야 한다.

동기부여를 하면 왜 불가능해 보이는 것이 가능해지는지 심리학으로 이해할 수 있다. 동기부여는 매슬로우가 말한 인간 욕구의 네 번째인 단계 '인정과 존경을 받는 것'과 최상위 단계인 '자아 실현이나 성공을 원하는 욕구'이기 때문이다.

인간이 가진 욕구는 대개 동일하지만 각자의 꿈과 목표는 모두 다르다. 각자가 원하고 추구하는 꿈과 목표를 이루도록 자극하고 열정을 불러일으켜 자아 실현을 하려는 욕구를 불러일으키는 것이 바로 동기부여다. 동기부여의 순서와 방법은 이렇다.

1) 비전을 제시하고 공동 목표를 설정하라

비전이나 공동 목표를 제시하여 구성원의 열정을 이끌어 내고, 그들이 확신과 자신감을 갖게 한다. 비전 달성을 위한 구체적 실천 계획과 역할을 분담하고 아이디어를 공유한다.

2) 믿음과 관심을 가져라

개인의 역할과 목표에 대한 믿음을 보이고, 그들이 진행하는 일에 관심을 주어 더욱 큰 자신감을 갖게 한다. 비전 성취를 위한 적극적인 마음과 자세를 가지게 한다.

3) 서로 협력하게 하라

사회생활을 하면서 혼자 할 수 있는 일은 거의 없다. 서로 역할을 분담하고 협력해야 한다. 각자 가진 장점은 키우고, 단점이나 부족한 점은 서로 보완하여 공동의 목표를 함께 이루게 한다. 구성원 간의 협력은 서로에게 동기부여를 하고, 선의의 경쟁을 이끌어 낼 수 있다.

4) 장애를 극복하라

일을 추진하다 보면 어려움과 장애가 나타나고 개인마다 문제점도 드러난다. 이런 경우에 위기를 기회로 만드는 생각의 전환과 지혜가 필요하다. 그러므로 앞에 놓인 난관을 극복하도록 격려하고 지원한다. 개인이 가진 어려움이나 문제를 들어주고 조언하여 사기를 높인다.

5) 자주 함께 축하하라

비전이나 공동 목표 달성까지는 멀고도 험한 길이다. 중간 중간의 성취를 함께 축하하고 인정하는 것이 필요하다. 이것은 모두에게 동기부여가 되고 협력과 열정을 만든다.

영원한 진리인 '황금률(Golden Rule)'이 있다. "당신이 다른 사람이 원하는 것을 얻을 수 있게 도와준다면, 당신은 인생에서 당신이 원하는 모든 것을 얻을 수 있다."는 것이다. 동기부여도 황금률과 같은 원리다. 팀원들이 원하는 것을 얻을 수 있도록 그들을 자극하고 격려하고 지원하여 그들이 성공하도록 도와주면, 결국 리더 자신이 원하는 모든 것을 얻게 된다.

동기부여에 활용하는 수단으로 네 가지가 있다.

①경제(물질)적 보상

②사명감

③신뢰와 믿음

④칭찬

칭찬은 상대를 고무시키고, 희망과 자신감을 갖게 하고, 새로운 도전을 하게 만든다. 칭찬은 스스로 하게 하는 동기를 부여하고, 열정과 창의성을 이끌어 낸다. 칭찬은 대중 앞에서 공개적으로 하든가 글이나 서면으로 하는 것이 좋다. 축하 행사를 가져 기념하는 것도 중요하다.

"나는 당신이 자랑스럽습니다."

"나는 당신을 믿습니다."

"더욱 좋은 결과를 기대합니다."

"당신은 대단한 일을 해냈습니다."

"당신의 역할과 재능은 우리 팀의 성공에 큰 기여를 했습니다."

"우리 모두는 귀하의 노고와 헌신에 감사합니다."

"어떤 난관이나 장애물도 귀하의 열정과 능력을 이길 수 없습니다."

참고자료

'2억명 메타버스' 네이버 제페토, 한국판 로블록스 만든다
https://www.mk.co.kr/news/business/view/2021/06/553710

메타버스의 공간과 기술 관련 산업
https://metaversenews.co.kr/metaverse-space-industry

가상현실, 증강현실이 메타버스인가?
https://www.samsungsds.com/kr/insights/metaverse_1.html

'난 메타버스로 간다'… 출근부터 워크숍까지 업무 풍경 바꾼다
https://news.mt.co.kr/mtview.php?no=2021071508105394113

DGB금융지주 경영진 '메타버스'로 가상회의 진행
https://biz.chosun.com/stock/finance/2021/05/07/SQSLI2N4PV-
FRVKH5DMFVQXPEQI

메타버스 사례를 통해 알아보는 디지털 세계의 진화
https://blog.adobe.com/ko/publish/2021/04/08/looking-into-
digital-world-evolution-through-metaverse-cases.html#gs.a8inzn

'세미나부터 점포까지' 금융권 파고드는 메타버스
http://news.bizwatch.co.kr/article/finance/2021/07/05/0002

그 광고 모델, 사람이 아니라고?
https://post.naver.com/viewer/postView.naver?volumeNo
=31957363

빅데이터로 살펴본 메타버스 세계
한국콘텐츠진흥원 통권 133호 연구 논문

가트너그룹 2020년 하이프사이클

가상 과학실험실 랩스터
https://www.labsterkorea.com/

《심플퀘스천》, 심재우, 부커, 2021

유니티 홈페이지 http://www.unitysquare.co.kr
스페이셜 홈페이지 https://spatial.io
글루 홈페이지 https://glue.work
게더타운 홈페이지 https://www.gather.town
줌 홈페이지 https://zoom.us
호라이즌 워크룸 홈페이지 https://www.oculus.com/workrooms

메타버스 트렌드 2025

초판 1쇄 발행 2021년 10월 25일 **초판 2쇄** 발행 2021년 12월 24일

지은이 심재우
펴낸곳 글라이더 **펴낸이** 박정화
편집 이고운 **디자인** 김유진 **마케팅** 임호

등록 2012년 3월 28일 (제2012-000066호)
주소 경기도 고양시 덕양구 화중로 130번길 14(아성프라자)
전화 070)4685-5799 **팩스** 0303)0949-5799
전자우편 gliderbooks@hanmail.net
블로그 http://gliderbook.blog.me/
ISBN 979-11-7041-088-1 03320

글라이더는 독자 여러분의 참신한 아이디어와 원고를 설레는 마음으로 기다리고 있습니다.
gliderbooks@hanmail.net 으로 기획의도와 개요를 보내 주세요. 꿈은 이루어집니다.